우와! 세상에 이런 동물이 있다고?

우와! 세상에 이런 동물이 있다고?

글 김건구 | 그림 장윤아 | 감수 황보연

파란정원

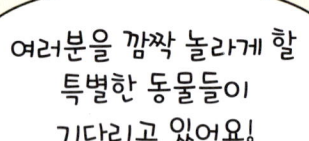

작가의 말

안녕하세요, 여러분!

여러분은 혹시 눈이 없는 물고기가 있다는 걸 들어본 적이 있나요? 물 위를 걸어 다니는 도마뱀은요? 네모난 똥을 누는 웜뱃, 눈에서 붉은 피를 뿜는 도마뱀도 있답니다. 정말 신기하고 놀랍지 않나요?

이 세상에는 우리가 상상조차 못 했던 신기하고 놀라운 동물들이 많이 살고 있어요. 저는 이런 신기하고 괴상한 동물들의 이야기를 여러분에게 들려주고 싶어서 이 책을 쓰게 되었지요. 그렇다고 해서 단순히 재미있는 이야기만 들려주려는 건 아닙니다. 이 책은 초등학교 3학년 과학 교과서의 '동물의 생활' 단원과 4학년 과학 교과서의 '다양한 생물과 우리 생활', '생물과 환경' 단원의 내용을 담고 있지요. 동물의 특징과 분류, 서식지와 환경 적응, 먹이 사슬과 생태계, 번식과 생존 전략까지! 교과서의 핵심 내용을 동물 친구들과 재미있게 인터뷰하면서 자연스럽게 과학 지식도 배우고, 동물 친구들과도 친해질 수 있을 거예요.

또한 여러 동물을 알아 갈수록 이 넓은 지구에 얼마나 다양하고 신비로운 생명체들이 함께 어우러져 살고 있는지도 깨달을 수 있을 겁니다. 자연의 놀라운 지혜와 생명의 소중함도 깊이 느끼게 될 테고요.

이 책을 다 읽고 난 후 여러분도 저처럼 자연과 동물들을 더욱더 사랑하게 될 거라고 믿습니다. 자, 이제 신기하고 놀라운 동물 친구들을 만나러 떠나 볼까요? 여러분의 끝없는 호기심을 가득 담아서 출발~!

동물 탐험가 **김건구**

차례

PART 1
땅에서 활동하는 동물

- 01 나뭇잎처럼 생긴 **사탄잎꼬리도마뱀붙이** 12
- 02 네모난 똥을 누는 **애기웜뱃** 16
- 03 패러글라이딩을 하는 **필리핀날여우원숭이** 20
- 04 눈에서 피를 뿜는 **뿔도마뱀** 24
- 05 악마 같은 **아이아이원숭이** 28
- 06 특이한 상아가 4개나 있는 **바비루사** 32
- 07 기린과 얼룩말이 합쳐진 **오카피** 36
- 08 과일을 먹는 **갈기늑대** 40
- 09 3시간 동안 먹지 못하면 죽는 **북부짧은꼬리땃쥐** 44
- 10 철퇴로 사냥하는 **볼라스거미** 48
- 11 몸에서 팝콘 냄새가 나는 **빈투롱** 52
- 12 분홍색 갑옷을 입은 **애기아르마딜로** 56
- 13 털을 비벼 소리를 내는 **로랜드줄무늬텐렉** 60
- 14 물 위를 걷는 **바실리스크이구아나** 64

PART 2
물에서 활동하는 동물

- 01 눈이 없는 **멕시코장님물고기** 70
- 02 반짝이는 무늬가 있는 **파란고리문어** 74
- 03 산소통을 달고 사는 **물거미** 78
- 04 몸 색깔이 여러 번 바뀌는 **색댕기곰치** 82
- 05 죽지 않는 **홍해파리** 86
- 06 톱이 달린 **큰이빨톱가오리** 90
- 07 사람의 치아를 가진 **붉은배파쿠** 94

08	립스틱을 바른 **붉은입술부치** 98
09	몸이 투명한 **북부유리개구리** 102
10	머리가 투명한 **배럴아이** 106
11	물속에서 서 있는 **세발치** 110
12	유리처럼 투명한 **유리메기** 114
13	방귀로 대화하는 **북태평양청어** 118

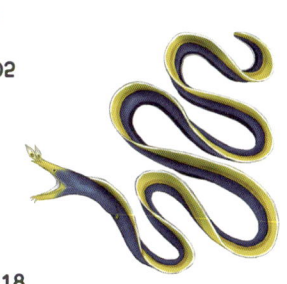

PART 3
하늘에서 활동하는 동물

01	하늘에서 두 달을 나는 **큰군함조** 124
02	어떤 소리든 흉내 내는 **금조** 128
03	발로 차서 사냥하는 **뱀잡이수리** 132
04	경적보다 더 큰 소리를 내는 **흰방울새** 136
05	날개로 우산을 만드는 **검은왜가리** 140
06	몸에서 향기가 나는 **뿔바다쇠오리** 144
07	독특한 춤을 추는 **어깨걸이극락조** 148
08	부리 위에 커다란 뿔이 달린 **코뿔새** 152
09	몸보다 긴 깃털이 달린 **작센왕극락조** 156
10	무시무시한 독이 있는 **두건피토휘** 160
11	벌집을 부수는 **벌매** 164
12	다리가 여러 개인 **아프리카물꿩** 168
13	기억력이 좋은 **벌새** 172

◎ 교과서 속 과학 용어 176

01 사탄잎꼬리도마뱀붙이
Satanic Leaf-Tailed Gecko

★★★★ 위험
★★★★★ 희귀

나뭇잎처럼 생긴 도마뱀! 왜 '사탄'이라는 이름이 붙여진 거야?

먹이 작은 벌레
크기 약 9~11cm
수명 약 5~10년
분포 지역 마다가스카르

눈 눈 윗부분에 작은 돌기가 있어서 눈을 보호하고, 나뭇잎 모양으로 위장하는 데 더 효과적이에요.

피부 잎맥 무늬와 비슷해서 나무 위나 낙엽 속에서 완벽히 위장할 수 있어요.

몸통 측면 피부를 늘려서 잎사귀처럼 몸을 납작하게 만들 수 있어요.

꼬리 마치 마른 잎사귀처럼 생겨서 천적으로부터 몸을 숨길 수 있어요.

✓ **더 알아보기!**

서식지 열대 우림에서 살아요. 나뭇가지나 땅 위에서 주변과 비슷한 모습으로 위장하여 생활해요.

특징 악마 같은 생김새로 사탄이라고 불리며, 몸이 나뭇잎처럼 생겨서 천적으로부터 잘 숨을 수 있지요.

괴상하고 신기한 인터뷰

Q. '사탄'이라는 이름은 어떻게 붙여진 거야?

A. 우리 이름을 듣고 무서운 동물이라고 생각했다면 오해야. 사실 우리는 전혀 위험하지 않거든. 오히려 조금 부끄러움이 많은 편이야. 그럼 왜 '사탄'이라는 이름을 얻게 됐냐고? 그건, 우리의 외모 때문이지. 날카로운 얼굴선, 찢어진 듯한 꼬리, 그리고 어두운 숲속에서 반짝이는 큰 눈이 사람들에게는 신비롭고 무섭게 보였던 거야. 하지만 실제로 우리는 매우 온순해. 우린 독도 없고 누구를 공격하지도 않아. 우리는 겁을 먹으면 그냥 가만히 숨어 있을 뿐이야.

 '사탄'은 악을 사람처럼 표현한 거야.

 비슷한 말로 '악마'가 있지.

Q. 너흰 왜 나뭇잎처럼 생겼어?

A. 우리 모습이 마치 나뭇잎처럼 보이지? 이런 모습은 우리가 천적에게서 몸을 숨기기 위한 전략이야. 나뭇가지나 나무 위에 있으면 우리를 발견하기 정말 어려울 거야. 왜냐하면 우리 피부는 나뭇잎의 잎맥과 비슷하게 생겼기 때문이지. 특히 꼬리는 찢어진 잎사귀처럼 생겨서 우릴 진짜 나뭇잎처럼 보이게 하는 효과가 있어. 그래서 우린 더욱 완벽한 위장을 할 수 있는 거야.

Q. 주로 언제 활동해?

A. 우리는 주로 밤에 활동해. 낮에는 거의 움직이지 않고 나무 위에 앉아 몸을 잎사귀처럼 만들어 천적들에게서 몸을 숨기지. 이렇게 낮 동안 에너지를 비축한 뒤, 밤이 되면 본격적으로 사냥을 나가. 큰 눈으로 어두운 숲속을 살피며 곤충 같은 먹잇감을 찾고, 발견하면 천천히 다가가 한순간에 덮쳐서 잡아먹지.

Q. 몸 색깔은 왜 그렇게 다양한 거야?

A. 우리는 태어날 때부터 각자 다양한 색상을 띠고 있어. 주황색, 보라색, 노란색, 황갈색 등 각 개체마다 다양한 색상을 띠지. 이건 우리가 숲속 나뭇잎의 색과 자연스럽게 어우러지도록 진화한 거야. 즉 카멜레온처럼 색을 바꿀 수 있는 건 아니지만, 각자 가진 고유한 색상이 서식지의 나뭇잎과 비슷해. 그래서 천적들은 우리가 나뭇잎인지 도마뱀인지 구분하기 어렵지. 특히 우리의 피부는 빛과 그림자에 따라 색이 미세하게 달라 보이기 때문에 어두운 숲에서 더욱 완벽하게 숨을 수 있어.

Q. 천적을 만나면 어떻게 해?

A. 천적을 만나면 우선 몸을 납작하게 하여 나뭇잎처럼 보이려고 노력해. 그래도 소용없다면 입을 크게 벌려서 새빨간 입속을 보여 줘. 그러면 보통은 천적들이 놀라서 도망을 치거든. 만약 이 방법이 통하지 않을 때는 꼬리를 스스로 끊어 버려. 떨어진 꼬리가 꿈틀거리면서 천적의 주의를 끌면, 그 틈에 우린 도망치지. 이건 우리만의 특별한 생존 비법이야!

02 애기웜뱃 Common Wombat

위험 ★★★★★
희귀 ★★★★★

← 똥

네모난 똥을 누는 동물!
엉덩이로 적을 막는다고?

먹이 식물

크기 약 70~120㎝

수명 약 5~15년

분포 지역 호주

구석구석 관찰하기

털 두꺼운 털은 호주의 거친 환경에서 몸을 보호해 줘요. 특히 추운 날씨로부터 몸을 따뜻하게 지킬 수 있지요.

엉덩이 두꺼운 피부와 뼈로 이루어졌어요. 포식자가 굴로 들어오지 못하게 방어할 때 사용해요.

발톱 튼튼한 발톱은 딱딱한 땅도 쉽게 파서 굴을 잘 만들 수 있어요.

주머니 입구가 뒤쪽에 있는 주머니 속에 새끼를 넣고 다녀요.

✓ 더 알아보기!

서식지 산림이나 초원에서 살며, 굴을 파고 그 속에서 생활해요. 굴은 여러 개의 입구와 통로로 이루어졌어요.

특징 주로 풀이나 나무껍질, 뿌리 같은 식물을 먹고, 오랜 시간에 걸쳐 천천히 소화해 상자 모양 똥을 눠요.

괴상하고 신기한 인터뷰

Q. 똥이 어떻게 네모난 거야?

A. 똥이 네모난 이유는 특별한 소화 과정 때문이야. 우리가 사는 호주는 대개 물이 부족하고 건조해. 그래서 우린 먹이에서 수분과 영양분을 최대한 흡수해야 해. 그렇기 때문에 먹이를 소화하는 데 무려 14일이나 걸리지.

먹이가 소화된 후 대장으로 이동하면 특별한 일이 일어나. 대장 끝부분의 근육과 조직 중 일부분은 단단하고, 또 다른 부분은 부드러워. 그래서 똥이 이곳을 지날 때 단단한 부분은 덜 늘어나고, 부드러운 부분은 잘 늘어나지. 이런 과정을 통해 똥이 천천히 압축되면서 더 단단해지고, 각진 모양이 만들어져 상자 모양의 똥이 완성되는 거야.

이 똥은 우리에게 정말 유용해. 우리는 영역을 표시하기 위해 돌이나 나뭇가지 위에 똥을 누는데 상자 모양의 똥은 구르지 않고 딱 고정되거든. 그래서 영역 표시가 더 오랫동안 유지될 수 있지. 만약 우리 똥이 둥글었다면, 금방 굴러가서 사라졌을지도 몰라.

Q. 똥에 대한 다른 재미있는 특징이 있어?

A. 하하, 우리 똥에 관심이 많구나! 그래, 궁금하다면 더 이야기해 줄게. 우리가 싼 똥은 약 2㎝ 정도 되는데, 하룻밤에 우리는 무려 80~100개의 똥을 만들 수 있어! 어떻게 똥을 그렇게 많이 싸냐고? 그건 우리가 한 번에 똥을 보통 4~8개씩 싸서 그래. 또 우리는 똥을 눌 때 돌, 나뭇가지, 풀 뭉치 같은 곳에 신중하게 누는데, 이건 다른 웜뱃들에게 내 영역임을 알리거나 짝을 유인하기 위해서야.

Q. 엉덩이가 왜 특별한 거야?

A. 우린 엉덩이도 남달라! 왜냐하면 우리 엉덩이를 방패로 사용하거든. 우리 엉덩이는 단단한 뼈와 피부로 덮여 있어서 천적의 공격에도 큰 상처를 입지 않아. 만약 적이 우리 굴속으로 들어오려고 하면, 우리는 굴 입구를 엉덩이로 막아 버려. 천적이 우리를 물려고 해도 딱딱한 엉덩이 방패는 그 누구도 뚫을 수 없다고.

Q. 주로 언제 활동해?

A. 우리는 야행성이야. 낮에는 굴속에서 쉰 뒤, 밤이면 밖으로 나와 먹이를 찾아다니지. 낮에 굴에서 머무는 건 더위와 천적으로부터 안전하게 몸을 보호하기 위해서야. 우리가 사는 호주는 낮이 정말 덥거든. 그런데 굴속은 안정적인 온도를 유지할 수 있어서 겨울에는 따뜻하고, 여름에는 서늘해. 굴을 어떻게 만드냐고? 튼튼한 앞발과 날카로운 발톱으로 땅을 파서 만들어. 굴의 길이는 3~30m로 다양하고, 깊이는 3.5m까지 팔 수 있어.

Q. 너희도 캥거루처럼 주머니가 있다며?

A. 맞아! 우리도 캥거루처럼 주머니에 새끼를 넣고 다녀. 하지만 우리 주머니는 캥거루처럼 앞쪽이 아니라 뒤쪽에 있어. 이건 굴을 파며 생활하는 우리에게 최적화된 구조지. 만약 주머니가 앞쪽에 있었다면, 굴을 파면서 흙이 주머니 속으로 계속 들어가 새끼가 힘들었을 거야. 하지만 우리 주머니는 뒤쪽에 있어서 아무리 흙을 파도 흙이 잘 들어가지 않지!

03 필리핀날여우원숭이 Philippine Flying Lemur

위험 ★★★★★
희귀 ★★★★★

> 패러글라이딩을 하는 동물! 땅에 잘 안 내려온다고?

먹이 식물	**수명** 밝혀지지 않음
크기 약 50~65㎝	**분포 지역** 필리핀

구석구석 관찰하기

눈 크고 밝은 눈이 있어 어두운 밤에도 잘 볼 수 있어요.

비막 앞발에서 뒷발, 꼬리까지 이어져 있는 얇은 피부를 말해요. 비막은 나무 사이를 활공할 수 있게 해 줘요.

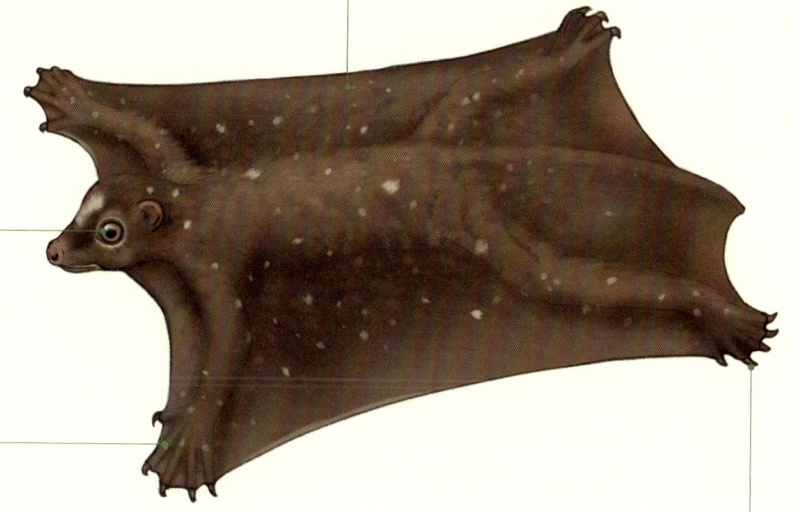

발바닥 흡착판처럼 나무에 단단히 붙을 수 있어서, 활공 후 착지할 때나 나무를 오를 때 미끄러지지 않아요.

발톱 날카로운 갈고리 모양으로, 나무를 단단히 잡을 수 있어 높은 나무도 쉽게 오를 수 있어요.

✓ 더 알아보기!

서식지 필리핀의 숲에서 살며, 주로 높은 나무 위에서 생활해요.
특징 마치 패러글라이딩을 하는 것처럼 높은 나무 사이를 비막을 펼쳐 활공하며 다녀요.

괴상하고 신기한 인터뷰

Q. 어떻게 날 수 있는 거야?

A. 우리가 하늘을 날아다니는 것처럼 보이지만, 사실 날 수 있는 동물은 아니야. 대신 우리는 패러글라이딩처럼 높은 곳에서 낮은 곳으로 부드럽게 이동할 수 있어. 이것을 활공이라고 해! 나무에서 나무로 이동할 때 몸에 있는 비막을 펼쳐 공기를 타고 미끄러지듯 움직여. 우리의 비막은 목에서 앞발, 뒷발, 그리고 꼬리까지 이어져 있지. 우리는 최대 135m까지 활공할 수 있고, 활공하면서 방향을 조절하고 착지할 위치를 찾지.

Q. 주로 밤에만 활동해?

A. 맞아, 우리는 야행성이야. 왜냐하면 밤에는 천적을 피하기 더 쉽기 때문이야. 어두운 숲속에서는 우리처럼 조용히 움직이는 게 좋아. 또 우리 눈은 밤에 잘 보이도록 발달되어 있어서 어두운 환경에서도 나뭇잎, 과일, 꽃, 새싹 같은 먹이를 쉽게 찾아낼 수 있지. 반대로 낮에는 나무 위에서 조용히 숨어 휴식을 취해. 그렇게 하면 더위와 천적을 동시에 피할 수 있지.

야행성의 반대말로는 낮에 활동하는 동물의 특징인 '주행성'이 있어.

Q. **땅에는 잘 내려오지 않는 거야?**

A. 응! 우리는 나무 위에서 대부분의 시간을 보내. 왜냐하면 높은 곳에서 생활하면 안전하기 때문이야. 땅으로 내려오면 천적들에게 노출될 위험이 커지거든. 반면에 나무 위에 있으면 활공으로 빠르게 도망갈 수도 있고, 숲의 구조물을 이용해 몸을 숨길 수도 있지. 또 우리는 나무 위에서 필요한 모든 걸 해결할 수 있어. 먹이도 나뭇잎이나 과일로 충분하고, 번식과 새끼 돌보기도 나무 위에서 이루어지지. 그래서 굳이 땅으로 내려갈 필요가 없어.

Q. **이름은 원숭인데 왜 원숭이가 아니야?**

A. 우리 이름에 '여우원숭이'가 들어가서 헷갈릴 수 있는데, 사실 우리는 원숭이가 아니야. 우리는 '날원숭이목'이라는 다른 동물 그룹으로 나무 사이를 활공해 다니는 특별한 포유류야. 그냥 이름만 원숭이라 불리는 거야.

Q. **새끼를 특별한 방법으로 돌본다며, 어떻게 돌봐?**

A. 새끼를 돌보는 특별한 방법으로, 몸에 있는 비막을 이용해 새끼를 포대기처럼 감싸서 보호해. 우리의 비막은 새끼를 따뜻하게 만들어 주고, 위험으로부터 안전하게 지킬 수 있어. 미성숙한 상태로 태어난 새끼는 어미의 비막 안에서 건강하게 성장해 나가지.

04 뿔도마뱀 Horned Lizard

위험 ★★☆☆☆
희귀 ★★☆☆☆

> 눈에서 피를 뿜는 도마뱀! 온몸에 뿔이 달려 있다고?

먹이 작은 곤충	**수명** 약 5~8년
크기 약 6~13㎝	**분포 지역** 북아메리카

구석구석 관찰하기

뿔 머리에 있는 뿔은 크고 날카로워서 천적으로부터 몸을 방어하는 데 사용해요.

눈 위협을 받으면 눈에서 피를 적에게 뿜어요. 이 방법은 천적을 혼란스럽게 만들거나 쫓아내는 데 효과적이에요.

피부 온몸에는 비늘이 변형되어 생긴 가시 같은 돌기가 있어요. 두껍고 거친 피부는 몸에 있는 수분을 지켜 줘요.

발 땅을 빠르게 팔 수 있어서 위험하면 모래 속으로 숨어요.

✓ 더 알아보기!

서식지 사막과 건조한 초원에서 살아요. 뜨거운 날씨와 모래바람 속에서도 잘 적응해요.

특징 천적에게 위협을 받으면 머리에 달린 뿔로 방어하고, 눈에서 붉은 피를 뿜어요.

괴상하고 신기한 인터뷰

Q. 정말 눈에서 피를 뿜을 수 있어?

A. 맞아! 우리는 위험을 느끼면 머리 주변의 혈관을 조여서 눈 주변에 피를 모이게 해. 그러면 눈 아래에 있는 작은 혈관들이 부풀어 오르다가 터지면서 피가 뿜어져 나오지! 그런데 이건 평소에 하는 행동이 아니야. 천적이 우리를 공격하려 할 때 마지막 수단으로 쓰는 방어 기술이지. 또 우리 눈에서 나오는 피는 단순히 피가 아니야. 그 피에는 천적을 자극하는 화학 물질이 들어 있어서 우리를 공격하며 물어 본 동물들은 슬금슬금 도망가 버려. 우린 피를 약 1m까지 뿜을 수 있는데, 주로 코요테 같은 육식 동물을 쫓아내는 데 아주 효과적이야. 우리는 종종 이 방법으로 위기를 모면하지.

Q. 머리에는 왜 뿔이 있어?

A. 머리의 뿔은 천적을 속이거나 막는 데 도움을 줘. 천적은 이 뿔 때문에 우리를 더 크고 강한 동물로 착각하지. 게다가 천적이 우리를 물려고 할 때, 우리의 뿔이 천적 입속을 찔러 물지 못하게 하고, 뿔로 천적을 찌를 수 있어 사막에서 안전하게 지낼 수 있는 거야.

뿔도마뱀은 위장 능력도 뛰어나! 피부가 바위나 모래 같은 색깔이라 주변 환경과 비슷해 쉽게 몸을 숨길 수 있어.

맞아, 위험이 닥치면 모래 속으로 빠르게 몸을 파묻어 숨는다고 해.

Q. 사막에서 물을 어떻게 얻어?

A. 우리는 사막에서 살아남기 위해 특별한 방법으로 물을 얻어! 비가 내리거나 이슬이 맺히면 우리 피부에 있는 미세한 홈에 물방울이 모이고, 피부 비늘 사이의 작은 통로를 통해 물이 입으로 이동하지. 마치 빨대처럼 말이야! 또 물이 정말 귀하니까 소변을 농축해서 최대한 수분을 아끼고, 이슬을 핥아서 수분을 얻기도 해. 우리는 이렇게 적응하여 물이 거의 없는 사막에서도 잘 살 수 있는 거야.

Q. 왜 몸을 부풀리는 거야?

A. 우리는 천적에게 잡힐 위기에 처하면, 몸을 풍선처럼 부풀려! 이렇게 하면 몸집이 커져서 천적이 쉽게 삼키지 못해. 또 몸에 있는 가시 같은 돌기들이 더 날카롭게 세워지지. 이 모습을 본 천적은 우리를 더 크고 무서운 동물처럼 인식해서 사냥을 포기해. 물론 이것도 위험을 느낄 때만 사용되는 특별한 기술이야.

Q. 주로 어떤 곤충을 먹어?

A. 우리는 개미를 정말 좋아해. 하루에 수백 마리의 개미를 먹을 정도로 많이 먹지! 개미는 사막에서 쉽게 찾을 수 있는 먹이 중 하나라서 우리의 주식이야. 개미 외에도 작은 곤충이나 거미 같은 먹이를 먹기도 해. 하지만 사막에는 큰 먹잇감이 많지 않기 때문에 작은 먹이를 자주 먹어야 해. 이런 식습관으로 우리는 적은 양으로도 충분히 살아갈 수 있지.

05 아이아이원숭이 Aye-Aye

위험 ★★★★☆
희귀 ★★★★☆

> 악마 같은 원숭이!
> 손가락이
> 왜 이렇게 길어?

먹이	벌레, 열매	**수명**	약 20년
크기	약 80~104㎝	**분포 지역**	마다가스카르

구석구석 관찰하기

귀 매우 크고 민감해요. 나무 속에서 나는 작은 소리를 들을 수 있어서 먹이를 찾는 데 유리해요.

눈 크고 둥근 눈 안쪽에는 특별한 반사판이 있어요. 반사판 덕분에 어두운 곳에서도 사물을 잘 볼 수 있지요.

앞니 쥐처럼 앞니가 계속 자라 나무껍질을 갉아서 관리해야 해요.

중지 길고 가늘며, 360도로 회전이 가능해요. 작은 구멍에서 벌레를 꺼내는 데 사용해요.

✓ 더 알아보기!

서식지 열대 우림에서 살아요. 나무 위에서 나뭇가지 사이를 자유롭게 다니며 생활해요.

특징 민감한 귀와 길고 가느다란 중지를 이용해 나무 속에 사는 곤충이나 유충을 잡아먹어요.

괴상하고 신기한 인터뷰

Q. 사람들은 너희를 왜 '악마 같은 원숭이'라고 불러?

A. 솔직히 좀 억울한 별명이야. 우리는 무섭거나 나쁜 동물이 아니거든. 하지만 우리의 생김새가 사람들에게 그렇게 보일 수도 있나 봐. 우리 눈은 밤에 빛나고 귀가 커서, 어두운 숲속에서 무섭게 보일지도 몰라. 게다가 우리를 보면 불행이 온다고 믿는 사람들이 있는데, 그건 증명되지 않은 미신일 뿐이야. 우리는 단지 숲에서 조용히 살아가는 작은 동물이라고! 오히려 우린 숲의 생태계를 돕고 있는 착한 존재라고 볼 수 있어.

Q. 왜 손가락 하나만 길고 가늘어?

A. 우리 손가락은 마치 다용도 도구 같아. 특히 중지가 가장 독특하지. 중지는 엄청 가늘고 길어서 나무 속에 숨은 벌레를 꺼내 먹기에 딱 좋아. 우리는 먼저 손가락으로 나무를 두드려서 소리를 듣고 속이 빈 부분을 찾아내. 이때 우리는 1초에 최대 8번까지 나무를 두드리며 먹이를 찾아다녀. 마치 딱따구리처럼 말이야. 또 우리는 귀가 민감해서 나무 속에서 나는 작은 소리도 다 들을 수 있지. 벌레가 있다고 생각되면, 앞니로 나무를 갉아서 구멍을 만든 뒤 중지를 쏙 넣어서 그 안에 있는 벌레를 꺼내서 맛있게 먹지. 가늘고 긴 중지 덕분에 다른 동물들이 먹기 힘든 먹이도 쉽게 찾아 먹을 수 있어.

Q. 중지로 360도 회전도 가능하다고?

A. 이 손가락은 특별한 구조를 가졌어. 마치 인간의 어깨처럼 손가락을 자유롭게 돌릴 수 있지! 이건 먹이를 잡을 때 결정적인 역할을 해. 나무 구멍 속에서 꿈틀대는 벌레를 잡으려면 손가락이 모든 방향으로 움직여야 하거든. 과학자들의 말에 따르면 다른 원숭이들이 나뭇가지를 잡기 위해 강한 손가락으로 진화했다면, 우리는 먹이를 잡는 데 최적화된 손가락으로 진화한 거지.

Q. 눈은 왜 그렇게 큰 거야?

A. 눈이 크고 둥근 것은 야행성 생활에 딱 맞게 적응했기 때문이야. 밤에 활동하는 우리에게는 빛을 최대한 많이 모을 수 있는 큰 눈이 필수거든. 그래서 우린 캄캄한 밤에도 나무 위를 민첩하게 오르내릴 수 있지. 하지만 사냥할 때는 눈보다 귀와 손가락을 더 믿는 편이야!

Q. 앞니가 계속 자란다던데, 왜 그런 거야?

A. 맞아, 우리의 앞니는 평생 자라! 마치 설치류의 이빨처럼 말이야. 이건 나무를 갉아야 하는 우리 생활 방식에 딱 맞는 특징이야. 우리는 나무에 구멍을 낼 때 앞니를 사용해. 앞니로 나무껍질을 벗겨 중지로 그 안에 숨은 벌레를 꺼낼 수 있도록 도와주지. 만약 앞니가 계속 자라지 않는다면, 나무를 갉는 과정에서 이가 너무 빨리 닳아 버릴 거야.

06 바비루사 Babirusa

위험 ★☆☆☆☆
희귀 ★★★★☆

← 암컷
← 수컷

특이한 상아가 4개나 있는 동물! 상아는 언제 사용해?

| 먹이 | 식물, 무척추동물 | 수명 | 약 10년 |
| 크기 | 약 85~110㎝ | 분포 지역 | 인도네시아 |

구석구석 관찰하기

피부 회갈색 피부로 거칠고 주름이 많아요. 특히 목 부위 피부는 매우 두꺼워서 가시 같은 장애물로부터 보호받을 수 있어요.

상아 4개의 상아가 있어요. 아래쪽 상아는 앞으로 자라고, 위쪽 상아는 머리를 향해 자라요.

코 넓적하고 긴 코로 땅을 파면서 먹이를 찾고, 냄새를 잘 맡아요.

다리 다리 근육이 발달하여 굉장히 강해요. 힘센 다리로 숲속을 빠르게 달리거나 진흙탕에서 쉽게 빠져나올 수 있지요.

✓ **더 알아보기!**

서식지 술라웨시 섬 등의 열대 우림과 습지에서 살아요. 숲과 물가 근처에서 활동하는 걸 좋아해요.

특징 위아래로 4개의 상아가 있고, 위쪽 상아는 사슴의 뿔처럼 생겼어요.

괴상하고 신기한 인터뷰

Q. **왜 상아가 특이하게 자라?**

A. 우리 상아는 정말 독특하지! 위쪽 상아는 위턱을 뚫고 나와 위로 휘어지면서 자라고, 아래쪽 상아는 일반 멧돼지처럼 앞쪽으로 뻗어. 수컷은 위쪽과 아래쪽 모두 상아가 있어. 하지만 암컷은 보통 아래쪽 상아만 가지고 있고 크기가 작아 입을 다물고 있으면 잘 보이지 않아. 그래서 멀리서 보면 수컷과 암컷이 쉽게 구별되지. 특히 수컷의 위쪽 상아는 계속해서 자라기 때문에, 때로는 길이가 30㎝가 넘기도 해. 위쪽 상아는 겉보기와는 다르게 단단하지 않고 부러지기 쉬운 편이야. 반면에 아래쪽 상아는 더 단단하고 튼튼하지.

Q. **위쪽 상아가 길어지면 머리를 찌르기도 해?**

A. 그건 정말 드문 일이야! 우리가 그런 일이 생기지 않도록 상아를 잘 관리하거든! 우리 수컷의 상아는 평생 자라기 때문에, 나무에 비비거나 바위에 갈아서 끝을 관리하는 게 중요해. 만약 상아가 잘못 자라면 얼굴을 통과해 뒤로 굽어지면서 두개골을 찌를 수도 있어. 하지만 대부분 상아는 부러지거나 마모되기 때문에 큰 문제가 되지 않아. 연구에 따르면, 야생 바비루사의 약 12%가 상아로 인해 두개골에 손상을 입은 사례가 있다고 해. 매우 적은 확률이니 걱정하지 마!

Q. 상아는 싸울 때 사용해?

A. 아니, 상아는 싸울 때 직접적으로 사용되지는 않아! 대신 짝짓기 철에 다른 수컷들에게 강한 모습을 보여 주거나, 암컷에게 매력을 보여 줄 때 사용돼. 상아는 얼굴을 보호하거나 상대를 위협하는 데도 도움을 줄 수 있어. 하지만 우리의 상아는 부러지기 쉬워서 실제로 싸울 때 쓰기에는 적합하지 않지. 싸울 때는 주로 뒷발로 서서 앞발로 상대를 밀치며 경쟁해.

Q. 왜 '바비루사'라고 불리는 거야?

A. 우리 이름은 인도네시아어로 '바비'는 돼지, '루사'는 사슴이라는 뜻이야. 그래서 사슴돼지라고 불리기도 하지. 이 이름이 붙여진 이유는 우리의 상아 때문이야. 위쪽 상아는 마치 사슴의 뿔처럼 위로 말려서 자라나. 그래서 돼지인데도 사슴의 특징을 가지고 있는 것처럼 보이는 거야. 하지만 우리는 멧돼지과에 속해 있고, 실제로 사슴과는 전혀 관련이 없어. 그저 외모 때문에 이런 이름을 얻게 된 거지. 우리 이름도 꽤 독특하지 않니?

Q. 어떻게 수영 실력이 좋은 거야?

A. 맞아, 우리는 수영을 정말 잘해! 열대 우림에서 강과 늪이 많은 환경에 살다 보니 자연스럽게 수영 실력이 뛰어나졌어. 우린 다리와 발굽이 튼튼해서 강을 쉽게 건널 수 있어. 또 물속에서는 몸을 가볍게 움직이며 방향을 바꾸고, 강한 다리로 물살을 헤치며 나아가지. 더운 날에는 물에 들어가 몸을 식히거나 진흙탕에서 뒹굴며 피부를 보호하기도 해. 어쩌다 과일이 강으로 떨어지면 우린 빠르게 헤엄쳐서 먹이를 얻기도 하지.

07 오카피 Okapi

★★★★★ 위험
★★★★★ 희귀

> 기린과 얼룩말이 합쳐진 동물!
> 태어나서 첫 달은 똥을 참는다고?

암컷 → ← 수컷

먹이 식물

크기 약 200~210㎝

수명 약 20~30년

분포 지역 아프리카 주로 콩고 민주 공화국

구석구석 관찰하기

혀 아주 길고 단단한 혀가 있어요. 코와 눈을 핥을 수 있을 정도로 길어요.

뿔 수컷의 머리에는 가죽으로 덮여 있는 작은 뿔 두 개가 있어요. 기린 뿔에 비해서 훨씬 작지요.

다리 줄무늬가 있어서 얼핏 보면 얼룩말처럼 보여요. 줄무늬는 숲속에서 적에게 잘 보이지 않게 해 줘요.

✓ 더 알아보기!

서식지 울창한 열대 우림에서 살며, 숲속 그늘진 곳에서 나뭇잎과 과일을 먹으며 지내요.

특징 다리와 엉덩이에는 얼룩말처럼 하얀 줄무늬가 있으며, 기린처럼 긴 혀를 가지고 있어요.

괴상하고 신기한 인터뷰

Q. 왜 얼룩말처럼 줄무늬가 있어?

A. 우리 줄무늬는 단순히 멋진 외모를 위한 게 아니야. 우리가 사는 콩고 열대 우림은 나무가 많고 빛과 그림자가 복잡하게 뒤섞인 곳인데, 우리의 줄무늬는 나뭇가지 사이의 그림자와 섞여 천적에게 잘 보이지 않게 해 줘. 마치 숲속에 녹아드는 보호색 같은 거지. 또한 이 줄무늬는 새끼 오카피가 어미를 따라다닐 때 길을 잃지 않게 도와줘. 새끼는 엄마의 다리 줄무늬를 보고 따라오거든.

Q. 기린이랑은 무슨 관계야?

A. 우리는 기린과 가장 가까운 친척이야! 얼룩말과 비슷한 외모 때문에 헷갈릴 수 있지만, 사실 우리는 기린과 같은 '기린과'에 속해. 과학자들의 주장에 따르면 수백만 년 전에 우리의 공통 조상이 있었는데, 기린은 열대 초원인 사바나에서 살도록 진화했고 우리는 숲에서 살도록 진화되어 변했다고 해. 그래서 우리에게도 기린과 비슷한 특징이 있는데, 바로 긴 혀야. 우리의 생활 모습을 보면 기린과의 친척 관계를 조금 더 이해할 수 있을 거야.

얼룩말이 아니라 기린과 가까운 친척이었구나.

우와~, 신기하다! 기린과 조상은 같지만 사는 환경에 맞게 진화되어 변했구나.

Q. 긴 혀로 무엇을 하는데?

A. 우리 혀는 정말 유용해! 약 30~46㎝나 되는 긴 혀로 높은 나뭇가지에 달린 잎을 뜯어먹을 수 있어. 덕분에 숲속에서 다양한 먹이를 찾을 수 있지. 과일, 나뭇가지, 잎사귀는 물론이고 때로는 버섯도 먹어. 또 긴 혀는 얼굴이나 귀를 청소할 때도 사용해. 너희가 손으로 얼굴을 닦는 것처럼 말이야.

Q. 너희는 무리지어 다니니?

A. 아니, 우린 주로 혼자 생활해. 숲속에서 나뭇잎과 과일을 먹으며 조용히 돌아다니는 게 우리의 생활 방식이지. 특히 수컷은 자기 영역을 철저히 지켜. 그래서 다른 수컷이 내 영역에 들어오면 싸움이 날 수도 있지. 반면에 암컷은 수컷의 영역을 통과해 먹이를 찾을 수 있어. 우리가 함께 있는 경우는 어미와 새끼가 함께 있거나, 짝짓기 시기에 암수 두 마리가 만났을 때뿐이야. 우리는 사회적 유대감이 강하지 않아서 같은 숲에 살더라도 서로 밀접한 관계를 맺지 않아. 혼자 지내는 게 우리의 타고난 성향이고 더 자연스러운 거지.

Q. 왜 그렇게 조용히 지내?

A. 우리의 천적 중에는 표범처럼 빠르고 무서운 동물들이 있어. 그래서 천적들에게 들키지 않으려면 숲속에서 소리를 내지 않고 조용히 움직여야 하지. 심지어 새끼 오카피는 태어난 후 첫 한 달 동안 거의 배설도 하지 않아. 냄새가 나면 천적에게 쉽게 들킬 수 있기 때문이야.

08 갈기늑대 Maned Wolf

★★★★★ 위험　★★★★★ 희귀

늑대사과

과일을 먹는 늑대!
다리가 엄청 길다고?

먹이 작은 포유류, 곤충, 식물 등	**수명** 10~15년
크기 약 90~130㎝	**분포 지역** 남아메리카

구석구석 관찰하기

갈기 목뒤부터 등에 걸쳐 길게 나 있어요. 위협을 받을 때 갈기를 세워 더 커 보이게 만들어서 적에게 겁주기 좋아요.

귀 큰 귀는 주위의 소리를 잘 들을 수 있어요.

주둥이 긴 주둥이는 냄새를 잘 맡고, 땅에 있는 먹이를 쉽게 찾을 수 있어요.

다리 긴 다리는 높게 자란 풀밭 속에서 주변을 관찰하기 좋고, 빠르게 달릴 때 유용해요.

✓ 더 알아보기!

서식지 초원이나 관목 지대, 사바나 지역에서 살아요. 풀밭과 나무가 섞인 곳에서 생활하며, 넓은 공간을 돌아다니며 지내요.

특징 긴 다리로 주변을 탐색해 새와 같은 작은 동물이나 곤충을 잡아먹어요. 육식뿐 아니라 식물도 먹으며, 특히 늑대사과를 가장 좋아해요.

괴상하고 신기한 인터뷰

Q. 늑대인데 왜 과일을 먹어?

A. 우리는 잡식성이야. 작은 포유류나 곤충을 사냥하지만, 과일도 정말 좋아해. 과일은 섬유질을 얻을 수 있어서 우리 건강을 유지하는 데 큰 도움이 돼. 특히 '솔라눔 라이코카품(Solanum Lycocarpum)'이라는 열매를 즐겨 먹어. 이 열매는 '늑대사과'라고 불리는데, 우리 몸에서 기생충을 줄이는 데 도움을 준다고 해. 고기만 먹는 육식 동물들과 달리 우리는 다양한 먹이를 골고루 먹으면서 살아가고 있어.

Q. 울음소리가 왜 특별해?

A. 우리 울음소리는 개가 짖는 소리나 늑대의 울음소리와 달라. 굵고 낮은 소리로 우는데, 이 소리는 멀리까지 퍼져 나갈 수 있어. 짝짓기 시기에 다른 갈기늑대와 소통하거나 자기 영역을 알릴 때 이 소리를 내지. 넓은 사바나에서 서로 멀리 떨어져 있을 때 이런 독특한 울음소리가 존재를 알리는 중요한 수단이 되지.

 늑대사과는 갈기늑대가 좋아하는 과일이야. 마치 토마토처럼 생겼지.

Q. 왜 다리가 엄청 긴 거야?

A. 우리 다리가 정말 길지? 이 긴 다리는 우리가 사는 사바나 환경에서 아주 유용해. 왜냐하면 키가 큰 풀들이 우거진 곳에서 다리가 길면 멀리까지 시야를 확보할 수 있기 때문이지. 사냥할 때도 긴 다리 덕분에 사바나를 조용히 돌아다니며 작은 동물들을 발견하기 쉬워. 그리고 빠르게 달릴 때도 긴 다리가 큰 도움이 되지. 재빠르게 움직이는 능력이 생존에 아주 중요하거든.

Q. 갈기는 어떤 역할을 해?

A. 우리 이름에 있는 '갈기'는 목뒤에 난 검은 털을 말해. 이 갈기는 우리가 위협을 느낄 때 세울 수 있어. 몸을 더 커 보이게 해서 천적이나 다른 동물들에게 자신을 건드리지 말라는 신호를 보내는 거지. 사실 사바나에는 위험한 동물들이 많아서 우리처럼 혼자 다니는 동물에게는 이런 방어 기술이 정말 중요해.

Q. 몸에서 냄새가 나?

A. 맞아. 우리는 정말 독특하고 강한 냄새를 풍겨. 특히 우리 소변 냄새는 아주 특별해서 멀리서도 맡을 수 있을 정도야. 이 냄새로 서로를 알아보고, 다른 동물들에게 경고하기도 하지. 또 우리는 사냥길이나 중요한 장소에 소변을 뿌려서 다른 갈기늑대들에게 '여긴 내 영역이야!'라고 표시해. 짝짓기 철이 되면 이 냄새를 따라가서 짝을 찾기도 하지.

09 북부짧은꼬리땃쥐 Northern Short-Tailed Shrew

★☆☆☆☆ 위험　★☆☆☆☆ 희귀

> 3시간 동안 먹지 못하면 죽는 동물! 잠은 잘 수 있는 거야?

먹이 벌레, 작은 척추 동물 등
수명 약 1~2년
크기 약 7.5~14㎝
분포 지역 북아메리카

구석구석 관찰하기

눈 땅속이나 어두운 곳에서 주로 활동하기 때문에 눈이 작고 시력이 나빠요.

귀 음파 탐지 능력이 뛰어나서 먹이나 장애물을 잘 느낄 수 있어요.

꼬리 일반 땃쥐들보다 꼬리가 짧아서 땅속을 더 쉽게 다닐 수 있어요.

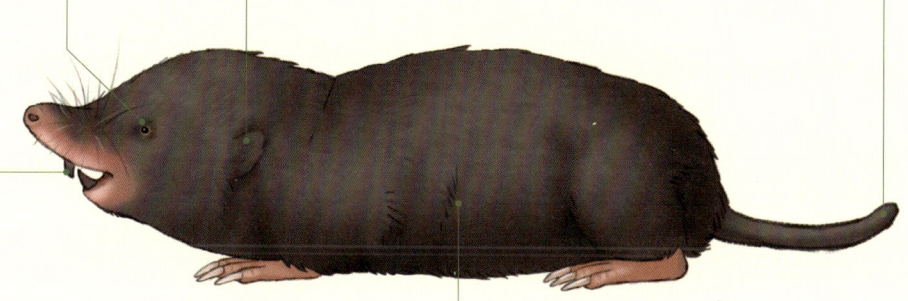

이빨 먹이를 물면 앞니 아래쪽에 있는 작은 구멍에서 독침이 나와 먹이를 마비시켜요.

냄새샘 옆구리와 배에 있는 냄새샘으로, 강력한 악취를 내뿜어서 천적을 몰아내요.

✓ **더 알아보기!**

서식지 숲과 들판, 습지에서 살며, 땅속에 굴을 파고 그 속에서 생활해요.

특징 끊임없이 자주 먹어야 살아남을 수 있어요. 곤충, 개구리 등 다양한 먹이를 먹어요.

괴상하고 신기한 인터뷰

Q. 왜 그렇게 자주 먹어?

A. 우리 몸은 에너지를 엄청 빠르게 소비해. 우린 신진대사가 굉장히 빠르거든. 그래서 에너지가 떨어지면 금방 위험해질 수 있어. 보통 3시간 동안 아무것도 먹지 않으면 생명이 위험할 정도이지. 그래서 우리는 하루에 자기 몸무게의 2~3배에 달하는 먹이를 먹어야 해.

우리는 곤충이나 지렁이 등 작은 무척추동물부터 개구리 등 작은 척추동물까지 다양하게 먹어. 끊임없이 먹고 또 먹어야 살아남을 수 있거든. 먹이를 찾아다니지 않을 때는 천적을 피할 수 있는 안전한 곳에서 쪽잠을 자기도 해. 자주 먹기 위해서는 잠도 짧게 자야 하거든.

Q. 수명이 짧은 이유는 뭐야?

A. 우리 수명은 자연 상태에서 보통 1~2년 정도야. 수명이 정말 짧아 보일 수 있지만, 우리처럼 몸집이 작고 신진대사가 빠른 동물에게는 흔한 일이야. 심지어 분당 심박수가 900회를 넘는 우리 몸은 빠르게 에너지를 소모하기 때문에 오래 살기가 힘들어.

게다가 우리는 몸 크기가 작아서 천적에게 잡힐 위험이 높아. 그래서 번식을 최대한 빨리하고 가능한 많은 새끼를 낳아서, 다음 세대를 이어 가는 데 집중해. 우린 암컷 한 마리가 일생 동안 최대 10마리 이상의 새끼를 낳을 수 있을 정도로 번식 능력이 뛰어나지.

Q. 주로 어디에서 지내?

A. 우린 굴에서 살아. 왜냐하면 땅속 생활이 안전하기 때문이야. 굴이 우리를 천적들로부터 보호해 주거든. 그래서 땅속에 굴을 파고 그 속에서 지내. 낮에는 굴 안에서 쉬고, 밤에는 나가서 먹이를 찾아다니지. 어두운 곳에서 많이 지내다 보니 시력이 좋지 않지만, 대신 촉각이 아주 뛰어나서 어둠 속에서도 먹이를 잘 찾아낼 수 있어.

Q. 어떻게 추위를 잘 견딜 수 있어?

A. 맞아! 우리는 추운 환경에서도 잘 견딜 수 있어. 우리의 체온은 평균 38℃인데, 겨울에는 여름보다 훨씬 더 많은 먹이를 먹어서 이 체온을 유지해. 마치 난로에 땔감을 더 많이 넣어야 방이 따뜻해지는 것처럼, 우리도 더 많은 먹이를 먹어서 몸의 온도를 유지하는 거야. 추울 때는 땅속 깊이 파고 들어가 얼지 않는 곳에서 지내고, 낙엽이나 눈 아래에서 활동하며 추위를 피하지. 또 몸에 있는 특별한 지방을 이용해 체온을 따뜻하게 유지해. 때로는 여러 마리가 함께 모여 서로의 온기를 나누기도 하지. 이런 방법들을 사용하기 때문에 북아메리카의 추운 지역에서도 잘 살아남을 수 있는 거야.

Q. 너희도 독을 가지고 있어?

A. 맞아, 우리 침에는 독이 들어 있어. 먹잇감을 물면 그 독이 먹잇감의 몸에 들어가 마비시키지. 우린 움직이지 못하게 된 먹이를 천천히 잡아먹어. 이처럼 우리같이 작은 동물에게 독은 아주 강력한 무기야. 이 독은 작은 곤충이나 설치류에게 효과적이지만, 사람에게는 크게 위험하지 않아. 그래도 만지면 안 돼! 우리에게 물리면 물린 곳에 독이 들어가서 붓거나 아파질 수 있거든. 심하면 병원에 가야 할 수도 있지.

10 볼라스거미 Bolas Spider

위험 ★☆☆☆☆
희귀 ★☆☆☆☆

철퇴로 사냥하는 거미! 어떻게 먹이를 잡는 거야?

먹이 곤충	**수명** 약 1년 미만
크기 0.1~2㎝	**분포 지역** 아메리카, 아프리카, 호주, 아시아 남부에서 동부

구석구석 관찰하기

실젖 실젖에서 나오는 거미줄로 끈끈한 공이 달린 끈을 만들어서 나방을 잡아요.

배 암컷은 배가 크고 둥글어요. 하얀색 바탕에 짙은 갈색 무늬가 있어서, 나뭇잎 위에 있으면 새똥처럼 보여요.

다리 작은 털이 많이 나 있어서 먹이인 나방의 날갯짓 진동을 느낄 수 있어요.

눈 8개의 작은 눈이 있지만 시력은 그리 좋지 않아요. 먹이를 찾을 때는 먹이의 날갯짓 진동으로 찾아요.

✓ 더 알아보기!

- **서식지** 숲과 정원, 풀밭 등 나방이 많은 곳에서 살아요. 나뭇잎이나 가지에 매달려서 나방을 기다리지요.
- **특징** 끈끈한 공이 달린 거미줄을 휘둘러 먹이에 맞혀 붙잡아요. 주로 나방을 잡아먹지요.

괴상하고 신기한 인터뷰

Q. 철퇴 같은 거미줄로 어떻게 사냥해?

A. 우리 사냥 방식이 정말 독특하지? 다른 거미들은 거미줄을 쳐서 기다리지만, 우리는 끈끈한 공이 달린 끈을 휘둘러서 먹이를 잡거든. 이 끈은 마치 철퇴 같아서 나방이 지나갈 때 나방을 향해 던져서 붙잡아. 그래서 '볼라스거미'라는 이름이 붙여진 거야. '볼라스'는 남아메리카 전통 무기인데 돌을 끈으로 묶어 휘두르는 방식이거든. 우리는 이렇게 나방을 잡은 뒤, 독으로 마비시키고 천천히 먹어. 근데 이 끈끈한 공은 한 번 사용하면 효과가 떨어지기 때문에 사냥할 때마다 새로 만들어야 해. 보통 우리는 밤에 나방 2마리 정도를 사냥할 수 있지.

Q. 나방을 잘 잡는 특별한 방법이 있어?

A. 물론이지! 우리는 나방을 끌어들이기 위해 나방이 좋아하는 냄새, 즉 성 페로몬을 흉내 내서 내뿜을 수 있어. 우리 무리 중 암컷 볼라스거미만 이 냄새를 흉내 낼 수 있지. 나방이 이 냄새를 맡으면 짝으로 착각하고 우리 쪽으로 날아와. 그 순간 우리는 거미줄을 휘둘러 나방을 붙잡아. 참고로 수컷 볼라스거미는 크기가 더 작고, 주로 짝짓기에 집중하기 때문에 이런 성 페로몬 방출 행동은 하지 않아. 그래서 나방을 유인하고 사냥하는 일은 암컷 거미의 독특한 역할이야.

Q. 암컷과 수컷의 크기가 왜 달라?

A. 우린 암컷과 수컷의 크기 차이가 아주 커. 암컷은 몸집이 크고 사냥을 잘 해서 에너지를 많이 축적할 수 있어. 이렇게 축적된 에너지는 알을 생산하고 보호하는 데 사용하지. 반면에 수컷은 몸집이 작아서 사냥을 거의 하지 않아. 대신 암컷 곁에 머물면서 번식 활동에 집중해. 몸집이 작은 수컷은 더 민첩하게 움직일 수 있어서 천적에게 잡히는 위험을 줄일 수 있어. 그리고 암컷에게 접근하는 데 유리하지. 과학자들은 이런 크기 차이가 수천만 년 동안 자연 선택을 통해 진화한 결과라고 보고 있어.

Q. 천적으로부터 어떻게 몸을 보호해?

A. 우린 몸을 숨겨서 보호해. 숨바꼭질의 달인이거든! 암컷은 큰 배를 이용해 나뭇잎 위에 있는 새똥처럼 보이게 만들어. 이렇게 하면 새나 다른 동물들이 우리를 먹이로 생각하지 않지. 우리는 주변 환경에 잘 섞여 있어서 천적들이 우리를 발견하기 어려워. 움직이지 않고 가만히 있으면 더 안전하게 숨을 수 있지. 우리는 이런 위장 능력으로 천적으로부터 자신을 보호하며 살아가고 있어.

Q. 너희 독은 사람에게도 위험해?

A. 아니, 우리 독은 나방 같은 작은 곤충에게만 효과가 있어. 우리가 나방을 물면 독이 들어가 먹잇감을 마비시키지. 그래서 도망가지 못하는 나방을 천천히 먹을 수 있어. 사람에게는 거의 위험하지 않지만, 만약 물린다면 다른 왕거미과 거미에게 물렸을 때처럼 약간의 불편함은 있을 수 있어.

빈투롱 Binturong

★☆☆☆ 위험
★☆☆☆ 희귀

몸에서 팝콘 냄새가 나는 동물!
주로 나무 위에서 지낸다고?

- **먹이** 식물, 작은 포유류 등
- **수명** 약 16~18년
- **크기** 약 116~186㎝
- **분포 지역** 동남아시아, 남아시아

구석구석 관찰하기

분비샘 항문 근처 분비샘에서 팝콘 냄새와 비슷한 냄새가 나요. 분비샘에서 나는 냄새가 섞여 오줌에서도 팝콘 냄새가 나지요.

귀 둥근 귀는 다른 포유류와 달리 소리를 잘 들을 수 있어요.

꼬리 긴 꼬리를 갈고리처럼 만들어 나뭇가지에 매달릴 때 몸을 지탱해요.

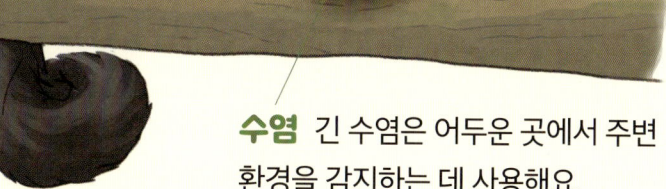

수염 긴 수염은 어두운 곳에서 주변 환경을 감지하는 데 사용해요.

✓ 더 알아보기!

서식지 열대 우림에서 살며, 주로 높은 나무 위에서 생활해요. 가끔 먹이나 물을 찾아 땅으로 내려가기도 해요.

특징 팝콘 냄새가 나는 오줌으로 자신의 존재를 알리며, 긴 꼬리로 나무 위에서 몸을 지탱하며 지내요.

괴상하고 신기한 인터뷰

Q. 몸에서 왜 팝콘 냄새가 나?

A. 우리 몸에서 나는 팝콘 냄새는 사실 오줌 냄새야. 왜 그러냐고? 우리 오줌에는 화학 물질이 들어 있어서 그래. 이 성분은 팝콘을 튀길 때 나는 고소한 냄새랑 비슷한 향기를 만들어 내지. 오줌은 우리가 영역을 표시하거나 다른 빈투롱들에게 자신의 존재를 알릴 때 사용해. 특히 수컷의 오줌에서 이 냄새가 더 강하게 나는데, 이것으로 암수도 구분하고 짝짓기할 준비가 됐는지도 확인할 수 있어.

팝콘 냄새가 난다면 캐러멜 팝콘 냄새일까? 아니면 치즈 팝콘 냄새일까?

버터 팝콘 냄새와 비슷하대.

Q. 왜 나무 위에서 생활해?

A. 우리는 나무 위 생활이 특화된 동물이야. 긴 꼬리가 마치 손처럼 움직여서 나뭇가지를 꽉 잡을 수 있거든. 이 꼬리 덕분에 나무를 오르내릴 때나 나무 위에서 균형을 잡을 때 안정적으로 몸을 지탱할 수 있어. 또 나무 위에 있으면 포식자를 피하기도 쉬워. 낮에는 나무 위에서 휴식을 취하고, 밤이 되면 나무 사이를 자유롭게 다니면서 먹이를 찾지. 우리가 느리게 움직여도 나무 위에서는 안전하니까 걱정할 필요 없어!

Q. 긴 꼬리는 어떨 때 사용해?

A. 우린 긴 꼬리를 거의 항상 사용해! 나무 위에서 생활할 때 꼬리는 우리에게 없어서는 안 될 도구야. 나뭇가지를 잡아 균형을 잡는 건 기본이고, 손과 발이 모두 바쁠 때 꼬리가 다섯 번째 손과 같은 역할을 해. 특히 높은 곳에서 몸을 지탱할 때 꼬리가 아주 유용해. 예를 들어, 먹이를 찾거나 과일을 딸 때 꼬리를 나뭇가지에 감아 몸을 고정해 두고 작업할 수 있어. 심지어 우리가 거꾸로 매달려 쉬거나 먹이를 먹을 때도 꼬리가 몸의 무게를 전부 지탱해 주지.

Q. 주로 무엇을 먹어?

A. 우린 과일을 특히 좋아하지만, 잡식성이라 작은 포유류, 곤충, 새알 등 뭐든 잘 먹어. 과일 중에서는 무화과를 제일 좋아해. 우리는 과일을 많이 먹어서 자연을 돕고 있어. 왜냐하면 우리가 먹은 과일의 씨앗이 그대로 배설되어 땅에 널리 퍼져서 자라게 만들거든. 자연의 재배사가 되는 셈이지!

Q. 어떤 성격을 가졌어?

A. 우리는 느긋하고 천천히 움직이는 성격이야. 나무 위에서 생활하는 데 익숙하다 보니 서두를 필요가 없거든. 그러나 계속 느긋하게 있는 것은 아니야. 포식자가 가까이 오면 빠르게 반응해 나무 위로 재빨리 몸을 피하지. 위험해지면 으르렁거리며 상대에게 겁을 주어 자신을 방어해.

12 애기아르마딜로 Pink Fairy Armadillo

위험 ★★★★
희귀 ★★★★

> 분홍색 갑옷을 입은 동물! 땅파기 선수라고?

먹이	벌레, 식물	**수명**	약 12~15년
크기	약 10~15㎝	**분포 지역**	아르헨티나

구석구석 관찰하기

눈 어둡고 좁은 땅속에서 생활하기 때문에 눈의 크기가 작아요. 시력보다 냄새나 촉각에 더 의존해요.

등딱지 24개의 띠로 된 등딱지는 몸을 공 모양으로 말 수 있어요. 부드러운 배 부분을 보호하지요.

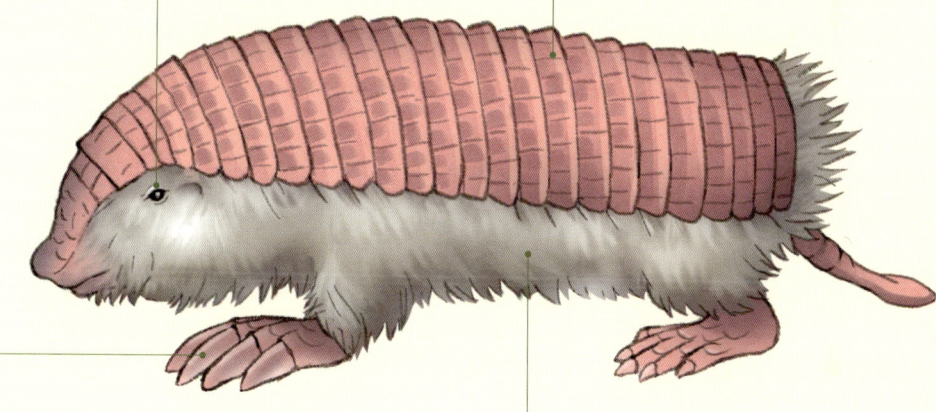

발톱 앞발톱으로 땅을 빠르게 파 먹이를 잘 찾을 수 있어요.

털 몸 아래쪽이 털로 덮여 있어 체온을 유지할 수 있게 해요.

✓ 더 알아보기!

서식지 건조한 평원에서 살아요. 땅속에 굴을 파고 생활하면서 더위와 포식자로부터 자신을 보호해요.

특징 갑옷과 같은 분홍색 등딱지로 몸을 보호하고, 날카로운 앞발톱으로 땅을 파내 긴 혀로 먹이를 잡아먹지요.

괴상하고 신기한 인터뷰

Q. 어떻게 분홍색 갑옷을 입고 있는 거야?

A. 갑옷처럼 보이는 건 등딱지야. 우리 등딱지가 분홍색으로 보이는 건 바로 등딱지 아래에 혈관이 있기 때문이지. 혈관에서 흐르는 피가 피부를 통해 비쳐 보이면서 등딱지에 독특한 핑크빛을 만들어 내는 거야. 이 등딱지는 단순히 예쁘기만 한 게 아니라 체온 조절에도 큰 역할을 해. 그래서 뜨거운 날씨에는 우리 몸이 너무 뜨거워지지 않게 도와주고, 추운 날씨에는 열을 유지해 주지. 우리는 등딱지가 있어서 사막처럼 덥고 건조한 환경에서도 잘 살 수 있어.

Q. 등딱지는 얼마나 단단해?

A. 우리 등딱지는 단단해 보이지만 사실 아주 유연해. 덩치가 큰 다른 아르마딜로들과 달리 등딱지가 딱딱하게 고정된 게 아니라, 약간의 유연성을 가지고 있어서 움직임이 훨씬 자유로워. 이 등딱지는 우리를 포식자로부터 보호하는 역할도 하지만, 땅속에서 자유롭게 움직이며 땅을 파기 쉽게 설계된 방패라고 생각하면 돼. 몸 전체를 감싸 주는 자연 방어막이지.

애기아르마딜로는 아르마딜로종에서 가장 크기가 작은 종이야!

Q. 땅을 잘 파는 비결이 뭐야?

A. 그건 앞발에 날카롭고 강한 발톱이 있어서야! 그래서 순식간에 부드러운 흙을 뚫고 들어갈 수 있어. 땅을 잘 파는 덕분에 포식자가 나타나면 땅속으로 재빨리 숨어 버리는 방어 전략을 쓰지. 또 땅을 잘 팔 수 있으면 먹이를 찾는 데도 유용해. 우리는 주로 땅속에 숨어 있는 개미 같은 작은 곤충들을 파내서 먹거든. 때로는 뿌리 같은 식물도 먹지만, 주로 곤충을 많이 먹어.

Q. 몸집은 왜 그렇게 작아?

A. 우리는 세계에서 가장 작은 아르마딜로야. 길이가 10~15㎝밖에 되지 않아서 사람 손바닥 위에 올릴 수 있을 정도지. 우리는 아르헨티나의 건조한 초원과 모래 평원에서 살고 있어. 이런 환경에서는 땅속에 숨어 사는 것이 생존에 유리하지. 땅속에서는 작은 몸집이 좁은 굴도 쉽게 다닐 수 있고, 적은 에너지로 살아갈 수 있어서 좋아. 우리는 오랜 시간 동안 이런 환경에 적응해서 지금의 모습을 갖게 된 거야.

Q. 너흰 사람들이 쉽게 볼 수 없어?

A. 맞아. 우리는 워낙 작고 은밀하게 생활해서 사람들 눈에 잘 띄지 않아. 굴 속에 숨어 지내는 데다 활동 시간도 주로 밤이기 때문에 사람들은 우리를 거의 볼 수 없어. 이런 특성으로 우린 포식자들에게 들키지 않고 생존할 수 있지. 반대로 우리가 어떤 환경에서 어떻게 살아가는지 잘 알려지지 않아서 사람들이 우리를 보호하기 어렵다고 해.

13 로랜드줄무늬텐렉 Lowland Streaked Tenrec

★★★★ 위험 ★★★★ 희귀

털을 비벼 소리를 내는 동물! 그 소리로 의사소통한다고?

먹이 벌레, 열매, 작은 포유류 등

수명 약 2~3년

크기 약 14~19㎝

분포 지역 마다가스카르 동부 및 북부

구석구석 관찰하기

가시털 위협을 느끼면 등과 목에 있는 털을 세워 방어하고, 등 중앙에 있는 털을 비벼서 낸 소리로 의사소통을 해요.

코 길고 뾰족한 코는 땅에서 먹이를 찾는 데 도움을 줘요.

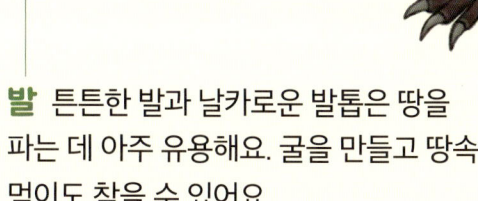

발 튼튼한 발과 날카로운 발톱은 땅을 파는 데 아주 유용해요. 굴을 만들고 땅속 먹이도 찾을 수 있어요.

줄무늬 온몸에 여러 노란색 줄무늬가 있어요. 선명한 노란색 줄무늬는 천적에게 경고하는 신호로 사용돼요.

✓ 더 알아보기!

서식지 열대 우림과 습지에서 살아요. 땅 위와 아래를 자유롭게 오가며 생활하지요.

특징 몸은 검은색 바탕에 노란색 줄무늬가 있으며, 가시털을 비벼서 낸 소리로 서로를 찾아요.

괴상하고 신기한 인터뷰

Q. 등에는 왜 가시 같은 털이 있어?

A. 우리 가시털은 포식자로부터 몸을 보호하기 위한 강력한 방어 무기야. 포식자가 가까이 오면 우리는 가시를 세워. 이렇게 하면 가시가 바깥으로 튀어나와서 포식자가 쉽게 공격하거나 물지 못하지. 그래서 가시털은 포식자에게서 몸을 보호하고 포식자가 다가오면 위험하다는 경고를 보낼 수 있지. 특히 몸을 말아 가시를 세운 모습은 우리를 건드리면 다칠 수 있다는 강력한 메시지를 전달해. 가시털은 우리가 마다가스카르에서 포식자로부터 안전하게 살아갈 수 있게 해 줘.

Q. 가시털로 어떻게 소리를 내?

A. 우리는 등 중앙에 있는 특수한 가시털을 비벼서 소리를 내지. 이 소리는 어미와 새끼 사이에서 서로를 찾는 데 도움을 줘. 우린 시력이 좋지 않아서 눈으로 찾기보단 가시털 소리로 가족들과 연락을 해서 서로를 찾아. 재미있는 사실은 우리가 내는 소리의 대부분이 사람 귀에는 들리지 않는 아주 높은 초음파라는 거야! 물론 사람이 들을 수 있는 소리도 조금은 낼 수 있지만, 주로 초음파를 사용해서 가족들과 소통하지.

가시털을 비빌 때 나는 소리는 귀뚜라미가 '찌르르' 하고 우는 소리와 비슷해.

Q. 집이 개미집처럼 생겼다던데, 정말이야?

A. 맞아, 우리는 가족끼리 모여 땅속에 복잡한 굴을 파고 살아. 한 가족에 최대 20마리까지 함께 지내지. 집을 지을 때 모두가 작은 굴을 판 뒤 서로 연결해서 큰 집을 만들어. 집 입구는 풀과 잎으로 잘 덮어서 숨기고, 안쪽 잠자는 방은 부드러운 풀과 잎으로 포근하게 꾸미지. 특이한 점은 화장실이 있다는 거야! 집 입구 근처에 잎을 두어 화장실 공간을 따로 만들지. 이렇게 하면 집 안에서 깨끗하고 편안하게 지낼 수 있어.

Q. 몸에는 왜 줄무늬가 있어?

A. 우리가 사는 마다가스카르의 숲은 어둡고 복잡한 구조로 되어 있어. 그래서 과학자들은 우리 몸의 줄무늬가 숲속 식물들 사이에서 우리를 숨겨 준다고 설명해. 또 다른 연구에서는 우리가 먹이를 찾아다닐 때 숨기 위해 줄무늬가 발달했을 수도 있다고 하지. 이처럼 줄무늬는 포식자가 우리의 존재를 알아채기 힘들게 해.

Q. 주로 무엇을 먹어?

A. 잡식성으로 무엇이든 잘 먹지. 그중에서도 곤충 먹는 걸 좋아해. 땅속에 숨어 있는 지렁이나 곤충을 찾아서 먹고, 가끔은 과일이나 작은 동물들도 먹지. 우리의 긴 코는 땅을 파헤치고 냄새를 맡아 먹이를 찾기에 아주 적합해. 우리는 다양한 먹이를 먹어서 균형 잡힌 식단을 유지하지.

14 바실리스크이구아나 Plumed Basilisk

★☆☆☆ 위험 ★☆☆☆ 희귀

← 암컷
← 수컷

물 위를 걷는 이구아나!
물속에선 숨을 오래 참는다고?

먹이 곤충, 작은 포유류, 식물 등

수명 약 5~10년

크기 약 60~70㎝

분포 지역 중앙아메리카
주로 코스타리카와 파나마

구석구석 관찰하기

볏 수컷은 머리, 등, 꼬리에 커다란 볏이 있고, 암컷은 머리에만 작은 볏이 있어요.

꼬리 몸길이에 2.5배나 되는 긴 꼬리를 가지고 있어요. 이 꼬리는 물 위를 달릴 때 균형을 잡아 주고, 수영할 때는 방향을 조절해요.

발 발가락 사이에 얇은 막은 평상시에 접혀 있다가 물에서만 펼쳐요. 물 위를 달릴 때 물을 효과적으로 밀어낼 수 있지요.

뒷다리 앞다리보다 길고 빠른 속도로 움직일 수 있어 물 위를 잘 달릴 수 있어요.

✓ 더 알아보기!

서식지 열대 우림 지역에서 살며, 주로 강이나 계곡 근처에서 지내요.

특징 몸이 가볍고 발가락 사이에 얇은 막이 있어 물 위를 빠르게 달릴 수 있어요.

괴상하고 신기한 인터뷰

Q. 어떻게 물 위를 달릴 수 있어?

A. 몸 구조와 독특한 움직임 덕분이야. 우린 뒷다리가 길고 튼튼해서 물을 강하게 밀어낼 수 있거든. 게다가 발가락 사이에 있는 얇은 막이 물의 표면을 더 넓게 밀어내도록 도와줘. 달릴 때는 뒷다리를 아주 빠르게 번갈아 가며 수직으로 떨어뜨려 물을 강하게 치고 나가지. 이때 발이 물에 닿을 때마다 생기는 압력과 공기 덕분에 잠깐씩 물 위로 뜰 수 있는 거야. 또 우린 몸이 가볍고 날렵해서 물의 저항을 줄일 수 있지. 이렇게 물 위를 달리는 게 쉬워 보이지만, 엄청난 속도로 다리를 움직여야 해서 보통 4.5m 정도만 달릴 수 있어.

발가락 사이 얇은 막은 물에서 달릴 때 펼쳐진대.

이건 고속 카메라로 촬영해야 관찰할 수 있다고 해.

Q. 물 위에서 달릴 때 속도는 얼마나 되는데?

A. 우리가 물 위를 달릴 때 속도는 약 1.6~2.14m/s 정도야. 이 말은 1초에 약 1.6~2.14m를 이동한다는 뜻이지. 이 속도를 유지해야 물에 가라앉지 않고 앞으로 나아갈 수 있어. 만약 속도가 이보다 느려지면, 발이 물에 충분히 강한 압력을 주지 못해서 바로 가라앉게 돼.

Q. 물속에서 숨을 얼마나 오래 참을 수 있어?

A. 우리는 물속에서 숨을 꽤 오래 참을 수 있어. 무려 10~30분까지도 가능하다고! 이 능력은 천적으로부터 몸을 숨길 때 매우 유용하지. 피부색이 물 주변 환경과 비슷해서 천적에게 발견되기 어렵거든. 그래서 천적이 나타나면 물속으로 들어가서 오랫동안 숨을 참으며 몸을 숨기는 전략을 써.

Q. 볏은 어떤 역할을 하는 거야?

A. 우리의 볏은 암컷보다 수컷이 더 많이 가지고 있어. 수컷은 머리에 큰 볏이 있고, 등과 꼬리에도 볏이 있어서 총 세 개의 볏을 가지고 있어. 반면에 암컷은 머리에만 작은 볏이 있어. 이러한 볏은 여러 가지 역할을 해. 수컷의 경우 볏이 더 크고 화려한데, 이건 암컷을 유혹하는 데 도움이 돼. 또 다른 수컷들과 영역 다툼을 할 때도 이 볏을 과시하며 서로를 위협하지.

Q. 주로 무엇을 먹어?

A. 우리는 잡식성이야. 보통 곤충을 사냥해서 먹고 작은 동물도 먹지. 가끔 나뭇잎, 과일, 꽃 같은 식물성 먹이를 먹기도 해. 재미있는 건 우리가 사는 환경에 따라 먹이가 조금씩 달라진다는 거야. 강 근처에 살고 있다면 물가에 자라는 신선한 잎사귀와 과일을 많이 먹고, 숲에서 산다면 나뭇가지에 매달린 열매를 먹어.

PART 2
물에서 활동하는 동물

01 멕시코장님물고기 Blind Cave Tetra

★★★★ 위험
★★★★ 희귀

> 눈이 없는 물고기!
> 보지 못해도
> 잘 찾고 잘 피한다고?

먹이 작은 벌레, 갑각류, 유기물 등

수명 약 10년

크기 약 7~12㎝

분포 지역 멕시코, 미국 남부

구석구석 관찰하기

눈 눈 부위가 매끈한 피부로 덮여 있어요.

피부 피부색을 나타내는 멜라닌 색소가 없어서 투명하거나 연한 색을 띠어요. 혈관이 비쳐서 몸이 붉게 보이기도 해요.

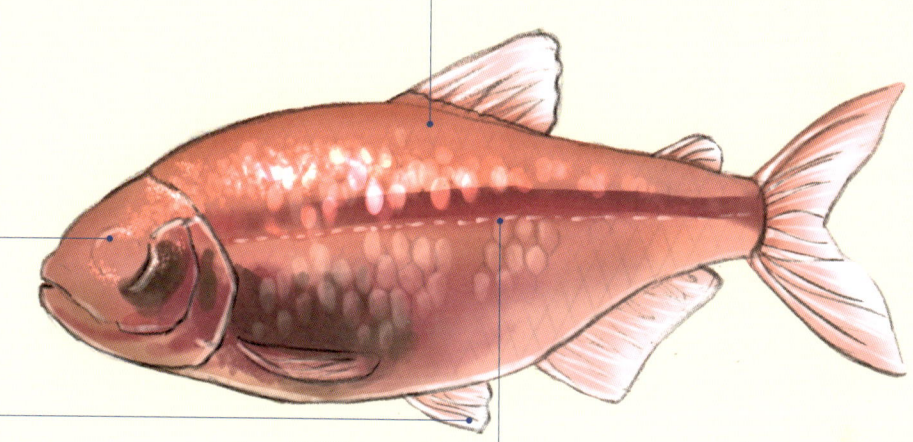

배지느러미 투명한 배지느러미는 움직임을 조절하는 데 유용해요.

옆줄 파동을 느끼는 감각 기관으로, 장애물을 피하고 주변을 탐색할 때 사용해요.

✓ 더 알아보기!

서식지 햇빛이 들지 않는 지하 동굴 속 강이나 호수에서 살아요. 이곳의 물은 차갑고 산소가 적은 편이에요.

특징 어두운 곳에서 살아 눈이 퇴화되었어요. 보지는 못하지만 뛰어난 촉각과 후각을 이용해서 사냥해요.

괴상하고 신기한 인터뷰

Q. 태어날 때부터 눈이 없었어?

A. 맞아, 우리는 눈이 없는 상태로 태어나. 하지만 우리 멕시코장님물고기는 원래 눈이 있었어. 사실 지금도 강이나 호수에서 사는 우리 형제들은 여전히 눈이 있지. 그런데 조상 중 일부가 빛이 없는 동굴에서 생활하기 시작했고, 이후 여러 세대를 거치면서 동굴에 사는 개체들만 눈이 퇴화된 것으로 과학자들은 추측하고 있어. 그래서 밝은 곳에서 사는 우리 형제들은 눈이 있지만, 동굴에 사는 우리는 눈이 퇴화돼 없어진 거야.

더 자세히 설명하자면, 우리가 동굴처럼 빛이 없는 곳에서 살다 보니 눈이 필요 없게 된 거야. 그래서 눈을 만드는 유전자의 명령을 꺼 버린 거지. 어떻게 끄냐고? 리모컨의 전원 버튼을 눌러서 기기를 끄는 것처럼, 눈을 만드는 유전자의 기능을 꺼 버린 거야.

Q. 그렇다면 눈이 다시 생길 수도 있는 거야?

A. 아니, 우리처럼 원래 동굴에서 눈 없이 태어난 물고기는 스스로 눈을 다시 만들 수 없어. 왜냐하면 동굴 환경에서는 눈을 만드는 유전자의 명령이 계속 꺼져 있기 때문이야. 그래서 사는 동안 눈이 다시 생길 일은 없어. 하지만 눈이 있는 형제 물고기와 만나 짝짓기를 하면, 눈을 만드는 유전자가 섞여 자식 중에는 눈이 있는 새끼가 태어날 가능성이 있다고 해.

Q. 볼 수 없는데, 먹이는 어떻게 구해?

A. 우리는 눈이 없는 대신 촉각과 후각이 많이 발달되어 있어. 헤엄칠 땐 눈 대신 옆줄을 이용해. 옆줄에서 물의 움직임을 느껴 먹이의 움직임을 파악하고 사냥하지. 또 뛰어난 후각으로 먹이의 냄새를 맡아 먹이가 있는 곳을 찾기도 해. 그러니까 눈이 없다고 너무 걱정하지 않아도 돼.

Q. 동굴에서 살지 않는 형제 물고기들과 다른 점이 또 있어?

A. 응! 우리가 사는 동굴은 어둡기만 한 게 아니야. 물이 거의 고여 있어서 물속에 녹아 있는 산소가 적은 편이기도 해. 물속에 산소가 부족하면 어떻게 될까? 동굴에서 살지 않는 형제들은 아마 이곳에서 숨쉬기조차 힘들 거야. 하지만 우리는 이런 환경에서도 잘 살아남을 수 있지.

그 이유는 바로 적혈구의 크기 차이 때문이야. 우리 핏속엔 산소를 운반하는 세포가 있는데, 이걸 '적혈구'라고 해. 우리의 적혈구는 동굴에서 살지 않는 형제들보다 크기가 훨씬 크지. 그래서 적혈구 안에 '헤모글로빈'을 더 많이 담을 수 있어. 헤모글로빈은 산소를 붙잡아 두는 역할을 하기 때문에 우리 몸속에 산소를 많이 담을 수 있는 거야. 이게 바로 산소가 부족한 동굴 속 환경에서도 우리가 잘 살아갈 수 있었던 비결이지!

우와, 정말 신기해~.

물고기도 우리처럼 핏속에 적혈구와 헤모글로빈이 있구낭

02 파란고리문어 Blue-Ringed Octopus

위험 ★★★★★
희귀 ★★☆☆☆

> 반짝이는 무늬가 있는 문어! 강력한 독을 품고 있다고?

- **먹이** 작은 어류, 갑각류
- **크기** 약 10㎝
- **수명** 약 2~5년
- **분포 지역** 남태평양

구석구석 관찰하기

피부 피부에 있는 고리 무늬는 위협을 받게 되면 파란색이 더 선명해져요.

빨판 먹이를 움직이지 못하게 하거나 물건을 잡을 때 사용해요.

출수공 출수공에서 물을 내뿜어 얻은 추진력으로 빠르게 이동해요.

입 이빨과 침샘에는 '테트로도톡신'이라는 맹독이 있어요. 이빨로 먹이를 물어 마비시켜 사냥하지요.

✓ 더 알아보기!

서식지 아열대 바닷속 산호초나 바위틈에서 숨어 살아요.

특징 파란 고리 무늬를 반짝이며 자신을 보호해요. 낮에는 숨어서 지내다가 밤이 되면 빨판으로 먹이를 붙잡아 독으로 마비시켜 잡아먹지요.

괴상하고 신기한 인터뷰

Q. 파란 고리 무늬는 항상 반짝여?

A. 아니, 평소에는 우리 몸을 보호하기 위해 주변 환경과 비슷한 보호색을 띠고 있어서 파란 고리 무늬가 항상 반짝이진 않지. 그럼 무늬는 언제 반짝이냐고? 바로 우리가 위협을 느낄 때야! 우린 파란 고리 무늬를 반짝여 상대를 위협하거나 가까이 다가오지 말라고 경고 신호를 보내. 여러 개의 파란 고리 무늬를 한 번에 반짝이면 상대방은 깜짝 놀라서 도망가지.

Q. 먹이는 어떻게 사냥해?

A. 먹이를 사냥할 땐 강력한 독을 사용해. 우리 독은 청산가리보다 10배나 강하거든! 독은 독선에서 나오는데, 독선은 침을 내보내는 침샘에 있어. 그래서 이빨로 먹이를 물면 먹이의 몸에 금세 독이 퍼지며 마비가 되어 쉽게 잡아먹을 수 있지.

청산가리는 화학 용어로 '사이안화 칼륨'이고, 독성을 가진 아주 위험한 화학 물질이야.

청산가리가 우리 몸에 들어오면 산소 운반을 못 하게 할 정도로 위험하다고 해.

Q. 혹시 사람을 공격하기도 해?

A. 우리는 평소에 사람을 향해 공격하진 않아. 보통 위험을 느끼면 도망가거나 숨으려고 하지. 하지만 누군가가 가까이 다가와 갑자기 위협하면, 방어하기 위해 독으로 공격할 수 있어. 우린 장갑도 뚫을 정도로 강한 이빨과 복어의 독으로 유명한 '테트로도톡신'이라는 독을 가졌거든. 그래서 아주 적은 양으로도 사람의 생명을 위협할 수 있어. 우리에게 물린 사람은 몸이 마비되고 구토할 수 있지. 심하면 죽을 수도 있어. 그러니까 우리를 보면 멀리 도망가는 게 좋아.

Q. 어디에서 살고 있는데?

A. 우리는 수온 20℃ 이상의 따뜻한 바닷물에서 살아. 주로 바닷속 바위와 산호가 많은 암초 지대나 모래에서 지내지. 호주, 인도네시아, 필리핀 같은 남태평양 아열대 바다에서 활동하는데, 요즘 지구 온난화로 바다의 수온이 오르면서 대한민국 바다에서도 활동하고 있어. 그래서 사람들이 제주도, 여수, 거제, 부산에서 우리를 봤다고 하더라고.

Q. 그럼 계속 우리나라에서도 사는 거야?

A. 글쎄. 아직은 대한민국에 완전히 자리 잡은 것은 아니야. 하지만 바다 수온이 계속 올라가면 우리가 더 자주 나타날지도 몰라. 대한민국은 바다 수온이 57년 동안(1968~2024년) 1.58℃나 상승했거든. 특히 제주도 바다는 점점 우리가 살던 아열대 바다처럼 변하고 있어. 그러니까 지구 온난화가 심해질수록 근처 바다에서 우리를 더 자주 보게 될 거야.

03 물거미 Diving Bell Spider

위험 ★★☆☆☆
희귀 ★☆☆☆☆

산소통을 달고 사는 거미!
물속에서 거미줄까지 친다고?

- **먹이** 수생 곤충
- **크기** 약 0.8~1.5㎝
- **수명** 약 1년
- **분포 지역** 동북아시아, 유럽

구석구석 관찰하기

공기주머니 공기를 저장하는 주머니로, 종 모양처럼 생겼어요. 물속에서 숨을 쉬는 데 사용해요.

다리와 배 미세한 털이 촘촘히 나 있어요. 이 털들은 공기주머니를 붙잡아 두는 역할을 해요.

실젖 거미줄이 나오는 곳이에요. 실젖을 수면 위로 내밀어 공기주머니를 만들어요.

✓ 더 알아보기!

서식지 호수나 습지, 연못 등 물의 흐름이 적고 수초가 많은 곳에서 살아요.

특징 물속에서 공기주머니로 숨을 쉬어요. 수초에 붙은 공기주머니가 집이 되어 생활하지요.

괴상하고 신기한 인터뷰

Q. 물속에서 어떻게 숨을 쉬어?

A. 물고기들은 물속에서 아가미로 물에 녹은 산소를 몸속에 들이고 이산화탄소를 내보내 숨을 쉬지. 하지만 우리는 물고기가 아니라서 아가미가 없어. 그래서 우린 물속에서 직접 숨을 쉬지 못하기 때문에 특별한 방법을 사용해야 해.

그건 바로, 공기를 담은 공기주머니로 물속에서 숨을 쉬는 거지. 우리는 이 공기주머니를 배 부위에 두르고 물속 수초에도 붙여 공기주머니 안에 있는 공기로 숨을 쉬며 생활해. 마치 사람들이 물속에서 산소통을 이용하는 것처럼 말이야.

Q. 공기주머니는 어떻게 만드는 거야?

A. 우리 거미줄은 결합력이 강하고 물에 잘 녹지 않아 공기주머니를 만들기에 적합해. 항문 쪽에 있는 '실젖'이라는 곳에서 거미줄을 내뿜어 공기주머니를 만들지. 공기주머니는 실젖을 수면 위로 내밀어서 만든 후, 배와 다리에 있는 가느다란 털들로 공기주머니를 붙잡아 물속 수초에 붙여 두지. 보통 이 공기주머니를 만드는 데 10분에서 15분 정도 걸려.

공기주머니를 더 크게 만들고 싶으면 공기주머니를 더 많이 만들어 붙이면 돼. 하지만 너무 크게 만들면 부력 때문에 공기주머니가 떠오를 수 있으니 적당한 크기를 유지해야 해.

'부력'은 물체가 물이나 공기 중에 뜰 수 있게 해 주는 힘을 말해.

Q. 물속에서 생활하는 데 힘들진 않아?

A. 힘들 때도 많아. 물고기처럼 수영을 잘하고 싶지만, 우린 그럴 수가 없잖아. 그래서 우린 물속에서 수초를 붙잡고 다녀. 때로는 수면과 바닥 사이에 거미줄을 쳐 놓고 줄을 잡고 이동하기도 하지. 가끔 물살이 센 곳에선 떠내려가기도 해서 조심해야 해. 하지만 걱정하지 마. 우리 나름대로 물속에서 잘 적응하며 살아가고 있으니까.

Q. 물속에서 먹이는 어떻게 사냥해?

A. 우리는 공기주머니 안에 머물면서 먹잇감이 다가오길 기다려. 거미줄의 진동을 통해 먹잇감이 근처에 왔다는 걸 느끼면, 공기주머니에서 빠르게 나와 낚아채지. 그런 다음 공기주머니로 먹이를 가져와 물어서 독을 주입한 후 먹이가 더는 움직이지 않으면 잡아먹어.

공기주머니는 물속에서 숨을 쉴 수 있게 해 줄 뿐만 아니라 새끼도 낳고 먹이를 저장해 식사도 하는 공간이야.

공기주머니는 물거미의 집이구나.

04 색댕기곰치 Ribbon Eel

위험 ★★★★
희귀 ★★★★

몸 색깔이 여러 번 바뀌는 물고기! 성별까지 바꾼다고?

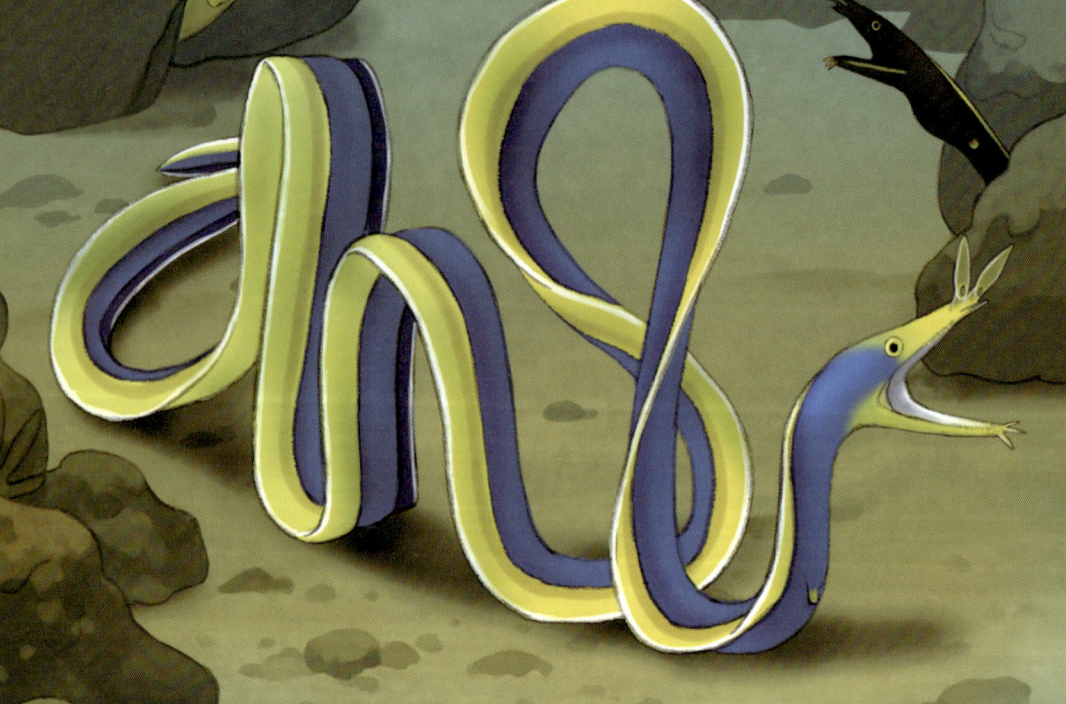

먹이	작은 어류, 갑각류	**수명**	약 10~20년
크기	약 60~120㎝	**분포 지역**	인도양, 태평양

구석구석 관찰하기

콧구멍 튜브 모양처럼 생겼고, 위쪽에는 부채 모양으로 활짝 펼쳐져 있어요.

입 길고 뾰족하며, 안쪽에는 날카로운 이빨이 줄지어 있어요. 입 끝에는 1개의 뾰족한 피질 돌기가 나 있지요.

피부 피부색은 자라면서 검은색, 파란색, 노란색 순으로 바뀌어요.

턱 아래턱 끝에는 3개의 피질 돌기가 있어요.

✔ 더 알아보기!

서식지 수심 약 60m 깊이의 바닷속에서 살며, 산호초나 바위틈에서 숨어 지내요.

특징 흔히 리본장어라 불리며, 자라면서 몸의 색깔과 성별이 변해요. 바위틈에서 머리만 내밀고 있다가 먹이가 오면 낚아채서 사냥해요.

괴상하고 신기한 인터뷰

 몸 색깔은 어떻게 여러 번 바뀌는 거야?

 등지느러미 색깔은 평생 노란색을 띠지만, 몸의 색깔은 자라면서 세 번 바뀌지. 지금부터 그 과정을 자세히 알려 줄게.

우린 태어날 때 몸이 검은색을 띠어. 이 시기를 '유어기'라고 부르는데 성별이 명확하게 결정되지 않은 시기야. 이땐 우리 몸이 아주 작고 약하기 때문에 주로 바닷속 모래나 바위틈에 숨어 지내. 검은색 몸은 주변 환경과 비슷해서 천적으로부터 나를 보호할 수 있지.

우리 몸의 크기가 약 65㎝ 정도 자라면 두 번째 색인 파란색으로 바뀌는데, 이 시기를 '성장기'라고 불러. 파란색 몸일 때는 강인한 수컷으로 활동하게 되지. 이후 몸 크기가 더 커지고 충분히 성숙해지면, 몸 색깔이 세 번째 색인 노란색으로 바뀌기 시작해.

이때 몸 색깔과 함께 성별도 암컷으로 바꿔! 노란색 몸은 눈에 잘 띄는 색깔이라 번식기에 수컷을 유혹하는 데 유리하지. 이렇게 성별과 몸 색깔이 변하는 건 우리 생존 전략 중 하나야. 주변 환경과 번식 등 필요에 맞춰 변화하는 거지!

 몸 색깔은 성장함에 따라 검은색, 파란색, 노란색으로 바뀌는구나.

 색깔만 바뀌는 게 아니라 수컷에서 암컷으로 성별도 바꾸지!

Q. 왜 성별을 바꾸는 거야?

A. 우리는 자라면서 단 한 번, 수컷에서 암컷으로 성별을 바꿔. 왜냐하면 번식을 위해서야! 처음에는 수컷으로 살면서 몸을 키우고 에너지를 축적해. 그러다가 몸이 충분히 크고 건강해지면 한 달 정도 암컷으로 변해 알을 낳지. 생각보다 알을 낳으려면 많은 에너지가 필요하거든. 그런데 모두가 암컷으로 변하진 않아. 몇몇 친구들은 수컷으로 계속 남아서 암컷 친구들이 알을 낳도록 도와줘.

Q. 수컷에서 암컷으로 어떻게 바꾸는 거야?

A. 우리 몸속에는 암컷의 생식기인 '난소'와 수컷의 생식기인 '정소'가 모두 있어. 이런 생물을 사람들은 '자웅 동체'라고 부르지. 우린 처음에 정소가 먼저 발달해서 수컷으로 살다가, 몸집이 커지고 나면 난소가 발달해서 암컷이 되는 거야.

Q. 너희 말고도 성별을 바꾸는 물고기가 또 있어?

A. 물론이지! 우리처럼 성별을 바꿀 수 있는 물고기는 많아. 예를 들어, 흰동가리(Clark's Anemonefish)는 무리에서 암컷이 죽으면 가장 큰 수컷이 암컷으로 변해. 용치놀래기(Multicolorfin Rainbowfish)는 평소에 수컷 한 마리가 여러 암컷과 번식하며 지내다가 수컷이 죽으면, 가장 큰 암컷이 수컷으로 변해서 무리를 이끌지. 감성돔(Black Sea Bream)도 처음에 수컷으로 태어나지만, 자라면서 암컷으로 성별을 바꾸지. 우리처럼 번식을 위해서 성별을 바꾸는 물고기는 생각보다 많이 있어.

05 홍해파리 Immortal Jellyfish

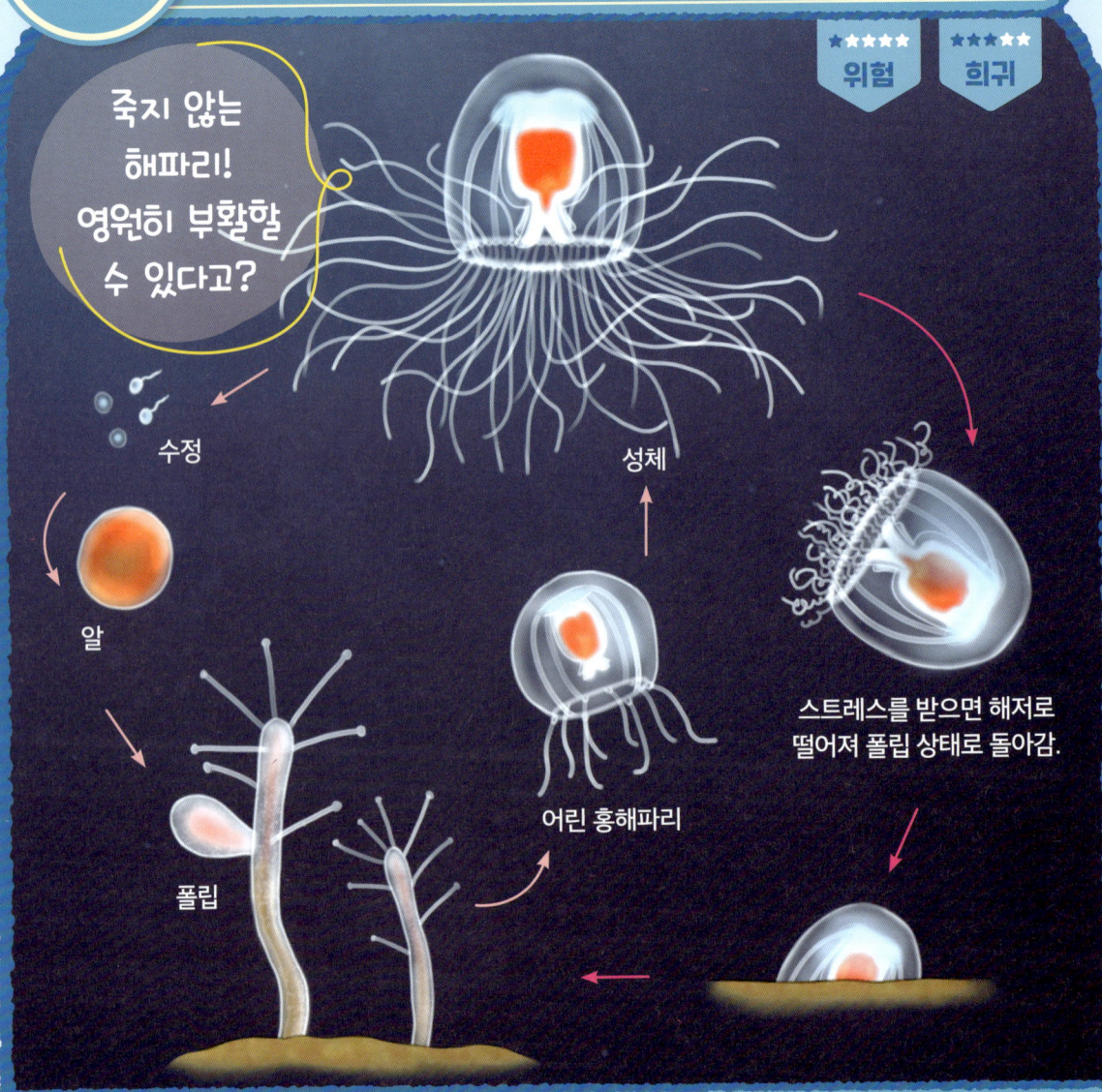

죽지 않는 해파리! 영원히 부활할 수 있다고?

위험 ★☆☆☆☆
희귀 ★☆☆☆☆

수정 · 알 · 폴립 · 어린 홍해파리 · 성체

스트레스를 받으면 해저로 떨어져 폴립 상태로 돌아감.

- **먹이** 플랑크톤, 물고기 알, 연체동물
- **크기** 약 0.45~0.5㎝
- **수명** 이론상 자연사하지 않음
- **분포 지역** 극지방 인근을 제외한 전 세계

구석구석 관찰하기

몸통 종 모양으로, 투명하거나 약간 불투명한 색을 띠고 있어요. 몸통을 수축, 팽창하며 이동해요.

위강 몸통 중앙에 위치하며 소화 작용을 담당해요.

신경망 뇌가 없지만 몸통에 신경망이 퍼져 있어요. 신경망은 외부 자극을 빠르게 받아들이고 반응하여, 촉수와 몸통의 움직임을 조절해요.

촉수 독소를 가진 자포가 있어서 먹이를 마비시키거나 방어할 때 사용해요.

✓ 더 알아보기!

서식지 전 세계 온대 및 열대 해양에서 살아요. 주로 해안가 근처와 얕은 바다에 서식하지만, 깊은 바다에서 발견되기도 해요.

특징 세포를 다시 젊게 만들어 영원히 죽지 않고 살 수 있어요. 촉수에 있는 자포로 먹이를 마비시켜 사냥해요.

괴상하고 신기한 인터뷰

Q. 정말로 영원히 살 수 있어?

A. 이론적으로는 가능해. 우리는 스트레스 등 특정 조건이 되면 어른 세포가 다시 원시 상태인 줄기세포로 돌아가 어린 폴립 형태로 바뀌는 '전환분화'라는 과정을 반복할 수 있거든. 즉 우린 필요에 따라 성숙한 세포가 다시 미성숙한 세포로 되돌아갈 수 있다는 말이야. 그런데 자연에서 살다 보면, 천적한테 잡아먹히거나 환경이 나빠지는 경우엔 다시 어린 상태로 돌아가지 못하기도 해. 그래서 자연 상태에서는 영원히 사는 건 좀 어렵다고 볼 수 있지. 만약 실험실처럼 천적이 없고 먹이가 풍부한 곳에서 지낸다면 영원히 살 수 있을 거야.

Q. 어떻게 어린 상태로 돌아가는 거야?

A. 우리는 어린 생물인 유생으로 태어나 바닷속을 떠다니다가, 적당한 곳을 찾으면 바닥에 착 달라붙어. 그러면 몸이 길쭉하게 자라고, 위쪽에는 작은 촉수들이 돋아나지. 이 상태를 '폴립'이라고 해. 폴립은 말미잘처럼 생겼는데, 바닷속 바위나 해초에 가만히 붙어서 자라지. 그러다 폴립에서 떨어져 나온 부분이 점점 자라 성체 홍해파리가 되는 거야.

성체가 된 우리는 몸에 위험을 느끼거나 스트레스를 받으면 몸의 세포를 미성숙한 상태로 바꿔서 다시 폴립 상태로 돌아가. 그러면 다시 성체 홍해파리로 자라날 준비를 할 수 있지. 그래서 우리는 마치 거꾸로 시간 여행을 하듯 다시 젊어질 수 있는 거야.

Q. 사람도 너희처럼 영원히 살 수 있을까?

A. 글쎄, 과학자들도 이것에 대해 열심히 연구 중이래. 우리 몸에는 세포를 회복하거나 보호하는 유전자가 많아. 그렇다는 건, 우리가 인간의 노화 속도를 늦추거나 젊음을 되찾는 데 도움이 될지도 모른다는 거지. 하지만 아직은 갈 길이 멀어. 과학자들은 인간의 세포가 어떻게 늙는지, 그리고 그 과정을 어떻게 막을 수 있을지에 대해 계속 탐구하고 있어.

Q. 먹이는 어떻게 사냥해?

A. 우리는 독으로 먹이를 쉽게 사냥할 수 있어. 독은 촉수에 독소를 가진 자포라는 기관에서 나와. 자포에는 실 모양의 기관인 자사가 있는데, 이 자사를 쏘아 먹이를 잡거나 몸을 보호하지. 우리가 먹이를 먹으면 몸통 중앙에 있는 위강으로 옮겨져 소화를 시키게 돼.

홍해파리는 자포로 사냥하는 동물인 '자포동물'에 속해!

그중에서도 자포로 사냥하는 '히드라충강'에 속하는 동물이지!

히드라충강은 몸이 폴립형, 해파리형으로 나누어지거나 두 단계를 다 거치는 동물도 있어. 여기서 홍해파리는 두 단계를 다 거치는 동물이지.

06 큰이빨톱가오리 Largetooth Sawfish

위험 ★★★
희귀 ★★★★★

톱이 달린 가오리!
물고기를 벨 수도 있다고?

먹이 어류, 갑각류, 연체동물	**수명** 약 30년
크기 약 250~750㎝	**분포 지역** 태평양, 대서양, 인도양

구석구석 관찰하기

주둥이 톱 모양으로, 양쪽에 날카로운 돌기가 줄지어 있어요. 먹이를 사냥하거나 방어할 때 사용해요.

로렌치니 기관 주둥이 피부 속 작은 구멍에 있는 감각 기관이에요. 먹이가 움직일 때 일어나는 미세한 전기를 감지해 뇌에 전달해 주는 신경 세포예요.

가슴지느러미 몸통 옆에 넓게 퍼져 있어 균형을 잡고 방향을 조절하는 데 도움을 줘요.

꼬리지느러미 물속에서 추진력을 얻는 데 사용돼요. 큰 꼬리를 좌우로 움직여서 빠르게 헤엄칠 수 있어요.

✔ 더 알아보기!

서식지 강어귀, 열대 및 아열대 해안가 근처나 얕은 바다에서 살아요. 민물과 바닷물이 섞이는 기수 지역과 물의 흐름이 느린 곳을 좋아해요.

특징 톱 모양 주둥이를 휘저어 먹이를 기절시키거나 상처를 입혀서 잡아먹어요. 주로 무리 지어 다니는 작은 물고기를 먹지요.

괴상하고 신기한 인터뷰

Q. 톱처럼 생긴 주둥이로 사냥하니?

A. 맞아, 우린 사냥할 때 주둥이를 사용해. 톱처럼 생긴 주둥이는 우리 몸길이의 약 27%를 차지하고, 주둥이의 양쪽에는 약 14~24개의 날카로운 돌기가 있어. 그래서 주둥이를 휘두르면 물고기를 빠르게 베어낼 수 있지. 또 모래 속에 숨은 갑각류 같은 먹잇감도 쉽게 찾아낼 수 있어. 게다가 주둥이 피부 속 구멍에는 '로렌치니 기관'이 있어서, 물속에서 움직이는 생물이 만들어 낸 전기를 감지할 수 있지. 이것이 우리가 어두운 곳에서 사냥을 잘할 수 있었던 비결이야!

'로렌치니 기관(Ampullae of Lorenzini)'은 가오리, 상어 등 연하고 물렁한 뼈인 연골어류가 가지는 특수 감각 기관이야.

Q. 주둥이는 또 어디에 사용해?

A. 우린 주둥이를 방어 도구로도 사용해. 상어나 악어 같은 큰 천적이 다가오면 주둥이를 휘둘러서 위협하거나 몰아낼 수 있거든. 그렇지만 우린 성격이 꽤 온순한 편이라 싸움을 먼저 걸지는 않아. 상대가 다가오지 않으면 우리도 가만히 있는 편이야.

톱 모양의 주둥이는 먹이를 사냥하는 도구이자, 무서운 천적이 나타나면 스스로를 지키는 방패이기도 하구나! 정말 멋지다~!

Q. 톱상어와 헷갈리는데, 톱상어와 다른 점은 뭐야?

A. 아, 그 얘기 정말 많이 들어. 우리와 톱상어(Sawshark)는 주둥이가 톱 모양이라 비슷해 보이지만, 차이점이 꽤 많아. 첫째, 우리는 아가미가 몸통 아래쪽에 있지만, 톱상어는 몸 양옆에 있어. 둘째, 톱상어는 주둥이에 한 쌍의 수염이 있지만 우리는 수염이 없어. 셋째, 우리는 주둥이가 단단하고 날카로워서 물고기를 자를 수 있지만, 톱상어의 주둥이는 먹잇감을 때리거나 모래를 헤집는 정도로만 사용해. 넷째, 우리는 최대 약 750㎝까지 자랄 수 있지만, 톱상어는 최대 약 200㎝ 정도야. 마지막으로, 우리는 민물과 바닷물을 오가며 주로 밤에 활동하지만, 톱상어는 얕은 바다에서 낮에 활동하지. 이런 차이만 알면 헷갈릴 일은 없을 거야!

Q. 멸종 위기에 처했다는데, 왜 그런 거야?

A. 안타깝게도 우리는 현재 심각한 멸종 위기에 처해 있어. 왜냐하면 우리 주둥이가 톱 모양이라 신기하다고 생각한 사람들이 우리를 많이 잡아갔거든. 게다가 민물과 바닷물을 오가며 살다 보니 어망에 자주 걸려 목숨을 잃기도 해. 최근에는 환경 오염으로 서식지가 파괴되면서 살 곳이 점점 줄어들고 있어. 우리의 멸종을 막으려면 사람들의 도움이 필요해.

큰이빨톱가오리를 못 볼 수도 있다니…. 우리가 무엇을 도울 수 있을까?

서식지가 더는 오염되지 않도록 강가나 바닷가에 쓰레기를 함부로 버리지 말아야겠지!

07 붉은배파쿠 Red-Bellied Pacu

위험 ★☆☆☆ **희귀** ★☆☆☆

사람의 치아를 가진 물고기! 피라냐랑 친척이라고?

먹이 씨앗, 열매 등의 식물	**수명** 약 28년
크기 약 52~88㎝	**분포 지역** 브라질, 아르헨티나, 페루

구석구석 관찰하기

피부 은색이 도는 회색빛을 띠어 보호색 역할을 해요.

이빨 사람의 치아처럼 생겼어요. 딱딱한 견과류나 과일을 부숴 먹는 데 적합해요.

입술 두껍고 살집이 많은 입술을 가지고 있어요. 마치 사람 입술처럼 도톰해요.

배 배 부위가 선명한 붉은색을 띠고 있어요. 이 특징 때문에 '붉은배파쿠'라는 이름이 붙여졌어요.

✔ 더 알아보기!

서식지 주로 아마존강 유역의 민물에서 살아요. 강, 호수, 저수지 등 다양한 환경에서 지내요.

특징 사람과 비슷한 모양의 이빨이 있어 강물이나 강가에 떨어진 열매나 씨앗 등을 잘게 씹어 먹어요.

괴상하고 신기한 인터뷰

Q. 이빨이 정말 사람의 치아 모양이야?

A. 맞아! 우리 이빨은 사람의 치아 모양과 닮았어. 평평하고 단단하며 어금니처럼 생긴 이빨이 강력한 힘을 발휘하지. 그 덕분에 우리는 과일이나 견과류 같은 단단한 먹이를 쉽게 부숴 먹을 수 있어. 우리 이빨은 다른 물고기와 차별되는 큰 특징이야.

Q. 혹시 이빨로 사람을 물기도 해?

A. 우릴 처음 본 사람들은 물고기에게 사람의 치아처럼 생긴 이빨이 있어서 이상하고 무섭게 느껴질 수 있을 것 같아. 하지만 우린 온순한 성격이고 주로 과일이나 씨앗을 먹으니 너희를 물 일이 없을 거야. 그런데 우리가 사람의 신체 부위를 열매로 착각해서 물어 버린 일이 있긴 했어. 이 일로 우리가 사람을 공격한다고 오해받는 경우가 많은데, 사람을 공격하려고 일부러 문 것은 아니니 오해하지 말아 줘. 그래도 열매로 착각해 물 수도 있으니 조심하는 게 좋을 것 같아.

너 인치어라고 들어 봤어?

'인치어'는 사람의 치아와 비슷한 모양의 이빨이 나 있는 물고기를 말해. 붉은배파쿠도 인치어지.

Q. 어쩌다가 이런 독특한 이빨을 갖게 된 거야?

A. 이건 우리가 사는 환경 때문이야. 우리는 아마존강이나 파라과이강 같은 열대 지역에 살고 있어. 이곳에선 나무에서 과일과 견과류가 자주 물속으로 떨어져. 이런 단단한 먹이를 먹으려면 평평하고 튼튼한 이빨이 필요했지. 그래서 과학자들은 우리의 이빨이 단단한 껍질 등을 쉽게 부술 수 있는 형태로 진화한 것이라고 말해.

Q. 피라냐와 비슷하게 생겼는데, 혹시 피라냐랑 친척이야?

A. 맞아, 우리와 피라냐의 조상은 같아. 하지만 성격과 식습관이 완전히 다르지. 피라냐는 육식성이어서 날카롭고 뾰족한 이빨을 갖고 있어. 그리고 다른 물고기나 물속에 들어온 육지 생물을 공격하지. 반면에 우리는 사람처럼 평평하고 둥근 이빨을 가지고 있고, 주로 과일과 견과류를 먹는 채식성이라서 다른 동물을 공격하는 경우가 거의 없지. 생김새가 비슷해서 우리를 피라냐로 착각하는 사람들이 많긴 하지만, 사실 우리는 피라냐와 다르게 훨씬 온순한 동물이야.

Q. 사람들이 애완용으로 기르기도 해?

A. 우리를 애완용으로 기르는 사람들도 있어. 특히 우리가 어릴 때는 크기가 작아서 귀엽고, 물속에서 천천히 헤엄치는 모습을 보고 매력을 느끼는 사람이 많거든. 하지만 우리는 성장 속도가 굉장히 빨라서 금방 자라기 때문에 크기가 문제가 되기도 해. 성체가 되면 몸 길이가 최대 약 88㎝에 이르거든. 그래서 굉장히 넓은 수조나 연못이 필요하지. 작은 어항에서는 절대 키울 수 없다는 걸 꼭 기억해 줘.

08 붉은입술부치 Red-Lipped Batfish

★☆☆☆☆ 위험
★★☆☆☆ 희귀

> 립스틱을 바른 물고기! 뭉툭하게 튀어나온 건 뭐야?

먹이	작은 어류, 무척추동물	**수명**	약 12년
크기	약 20~25㎝	**분포 지역**	에콰도르(갈라파고스 제도), 페루

구석구석 관찰하기

등지느러미 돌기 등지느러미가 변형되어 돌출된 부위예요. 맛있는 냄새가 나는 화학 물질을 분비해서 먹이를 유인해요.

피부 보통 회색이나 갈색을 띠고, 거친 질감을 가지고 있어요. 피부가 암석이나 모래와 비슷해 몸이 잘 안 보여요.

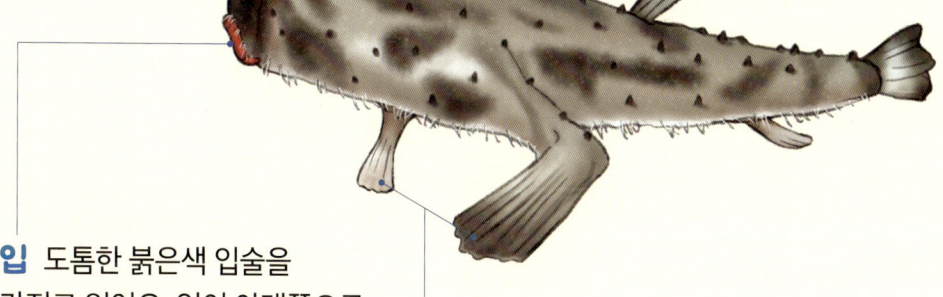

입 도톰한 붉은색 입술을 가지고 있어요. 입이 아래쪽으로 튀어나와서 바닥에 숨어 있는 먹이를 쉽게 찾아 빨아 먹지요.

가슴지느러미, 배지느러미 바닥 위를 돌아다닐 때 발처럼 사용해요. 헤엄치기보다 걷듯이 바닥을 기어다녀요.

✓ **더 알아보기!**

서식지 수심이 3m 정도 되는 얕은 바다에서부터 깊게는 약 120m까지 살아요. 해저 모래나 암석 지역에서 생활해요.

특징 붉은 입술과 등지느러미 돌기가 있는 독특한 생김새를 가졌어요. 돌기에서 맛있는 냄새가 나서 먹이를 유인하는 데 효과적이에요.

괴상하고 신기한 인터뷰

Q. 입술이 왜 립스틱 바른 것처럼 붉은 거야?

A. 붉은 내 입술이 참 독특하지? 왜 이렇게 생겼는지는 아직 과학자들도 명확히 밝혀내지 못했어. 어떤 과학자들은 우리가 산란기에 짝을 유혹하거나 상대방을 구별하기 위해 이런 입술을 갖게 되었다고 생각해. 또 다른 과학자들은 먹잇감을 유인하려는 목적일 수도 있다고 말하지. 사실 우리도 왜 입술이 붉은지는 정확히 몰라. 그저 우리만의 특별한 매력이라고 생각하면 좋겠어!

 산란기가 뭐야?

 '산란하다'는 알을 낳는다는 말이야. 그래서 '산란기'는 알을 낳는 시기를 뜻해.

Q. 얼굴에 뭉툭하게 튀어나온 것은 코야?

A. 하하, 사실 그건 등지느러미가 변형된 돌기야. 마치 코처럼 보이기도 하지? 우린 이걸 미끼로 사용해. 이 돌기를 살랑살랑 흔들면 주위에 있는 새우나 게 같은 작은 생물들이 맛있는 먹이라고 착각해서 다가오거든. 게다가 이 돌기에선 맛있는 냄새가 나는 화학 물질까지 나와서 주변 생물을 유혹하는 데 효과적이야. 냄새를 맡은 먹잇감이 가까이 오면 우리는 바로 입을 벌려 먹기만 하면 되는 거지!

Q. 어쩌다가 독특한 외모를 갖게 된 거야?

A. 과학자들은 우리가 살고 있는 환경과 관련이 있다고 보고 있어. 우리는 갈라파고스 제도 근처에서 많이 살아. 이곳은 모래, 암석, 산호가 섞인 복잡한 해저 환경이어서 먹이를 유혹하는 데 효과적인 장치가 필요하지. 그래서 이렇게 변형된 등지느러미와 독특한 입술을 가지게 된 거라고 과학자들이 추측하고 있어. 우리는 이 독특한 신체를 활용해 작은 무척추동물을 유혹해서 잡아먹고 있지.

Q. 지느러미가 독특하게 생겼는데, 헤엄은 잘 쳐?

A. 아니, 우린 헤엄을 못 쳐. 왜냐하면 대부분의 물고기는 부드러운 지느러미를 이용해 유연하게 헤엄치지만, 우리의 지느러미는 그렇지 못하거든. 가슴지느러미와 배지느러미도 단단한 뼈로 발달해서 헤엄치기엔 적합하지 않아. 대신 이 지느러미를 발처럼 사용해서 바닥을 빠르게 기어다닐 수 있지.

생김새가 독특해서 사람들이 겁먹고 위험한 물고기라고 오해를 많이 한다고 해.

그렇구나. 붉은입술부치는 아주 온순하고 조용한 성격을 가진 동물이니 무서워하지 않아도 돼~.

09 북부유리개구리 Northern Glass Frog

★★★★ 위험 ★★★★ 희귀

> 몸이 투명한 개구리!
> 개구리인데 알을
> 물 밖에 낳는다고?

먹이 작은 벌레

크기 약 2~3㎝

수명 약 14년

분포 지역 중앙아메리카, 남아메리카

구석구석 관찰하기

눈 금빛의 홍채가 있어요.

피부 반투명하며 배 쪽은 내장이 다 보일 정도로 투명해요. 그래서 심장, 간, 소화 기관까지 볼 수 있어요.

발가락 발가락 끝에는 끈끈한 빨판이 발달해 있어 나무와 나뭇잎을 쉽게 붙잡을 수 있어요.

다리 비교적 가늘고 길어, 나무 위에서 이동하거나 어딘가에 올라가거나 내려갈 때 유용해요.

✓ **더 알아보기!**

서식지 열대 우림 지역에서 살아요. 주로 나무 위에서 생활해요.
특징 스스로 몸을 투명하게 만들 수 있어요. 물속이 아닌 나뭇잎 뒷면에 알을 낳아요.

괴상하고 신기한 인터뷰

Q. 몸이 어느 정도로 투명해?

A. 우리 배 쪽 피부는 정말 투명해서 심장, 간, 위와 같은 내장이 다 보일 정도야. 이 투명한 피부는 나뭇잎 위에 앉아 있을 때 천적들에게 우리의 몸을 숨기기 좋아. 왜냐하면 빛이 우리의 피부를 통과하면서 나뭇잎과 우리가 하나로 보이게 되거든. 마치 우리의 몸이 나뭇잎 일부처럼 보여 천적이 우리를 발견하기 어려워지는 거지.

Q. 너희는 몸을 어떻게 투명하게 만들 수 있어?

A. 우리는 잠을 자거나 가만히 있을 때, 몸속 적혈구를 간으로 이동시켜 혈관을 투명하게 만들어. 이렇게 하면 몸의 색이 거의 보이지 않게 돼. 그래서 우리 몸은 주변 환경과 하나가 돼 천적의 눈에 잘 띄지 않게 되지. 이 과정에서 간은 적혈구를 저장하면서 부피가 커지고, 빛을 반사하는 특별한 물질들이 간과 같은 내장을 감싸서 보이지 않게 돼. 이런 투명화 기술은 특히 나뭇잎에 있을 때 우리를 보호해 주는 중요한 생존 전략이지.

천적의 눈에 띄지 않도록 몸을 투명하게 만들다니 위장 능력이 대단한걸!

Q. 투명했던 몸이 다시 불투명해질 수도 있어?

A. 물론이야. 우리는 필요에 따라 몸을 불투명하게 바꿀 수도 있어. 예를 들어, 스트레스를 받거나 몸을 움직이면 적혈구가 다시 혈류로 돌아와 혈관이 붉은색으로 변해. 이렇게 몸이 다시 불투명해지면 천적의 눈에 더 잘 보이게 되지. 만약 천적으로부터 숨고 싶으면, 움직임을 멈추고 가만히 있으면 돼. 그러면 몸이 다시 투명해져.

Q. 수컷은 왜 '삐익' 소리를 내는 거야?

A. 짝을 부르기 위해서야! 특히 일 년 중 비가 많이 오는 시기인 우기에는 번식기라서 짝을 찾으려고 더 신나게 울어! 만약 수컷이 활동하는 영역에 다른 수컷이 침범하면 '야옹' 같은 고양이 소리를 내며 쫓아내지. 반대로 암컷이 접근하면 반갑게 '삐익'과 '야옹' 소리를 섞어서 울어.

> 보통 개구리들은 수컷이 울며 짝을 찾아. 수컷 개구리는 목에 있는 울음주머니를 풍선처럼 부풀려서 소리를 크게 만들어서 울지.

Q. 다른 개구리와 또 다른 점이 있어?

A. 보통 개구리들은 물속에 알을 낳지만, 우린 물가 근처에 있는 나뭇잎 뒷면에 알을 낳아. 이건 우리 알을 천적들로부터 보호하려는 방법이지. 한 가지 불편한 점이 있다면, 알을 나뭇잎에 낳았기 때문에 알이 마르지 않도록 계속 신경을 써 줘야 해. 그래서 수컷은 알을 돌보며 물을 튀겨서 알이 마르지 않게 하지. 알이 부화해서 올챙이가 되면, 바로 밑에 있는 물속으로 뛰어들어 살게 돼.

10 배럴아이 Barreleye

위험 ★★★★
희귀 ★★★★

머리가 투명한 물고기! 눈이 원통 모양이라고?

먹이 빛을 내는 작은 해양 생물
크기 약 15㎝
수명 밝혀지지 않음
분포 지역 북태평양

구석구석 관찰하기

눈 원통 모양으로 길게 나 있어서, 머리로 들어오는 빛을 망막이 잘 감지할 수 있어요.

머리 완전히 투명해서 머리 안쪽을 직접 볼 수 있고, 빛을 더 많이 받아들일 수 있어요.

콧구멍 눈으로 많이 착각하지만, 콧구멍이에요.

입 작고 뾰족해요. 머리 위쪽에 있는 먹이를 정확히 잡아먹어요.

가슴지느러미 크고 넓어서 움직이지 않고도 쉽게 몸의 균형을 잡아 에너지를 최소화할 수 있어요.

✓ 더 알아보기!

서식지 수심 약 600~800m 깊이의 심해에서 살아요.

특징 투명한 머릿속에 위쪽으로 향한 눈이 있어요. 원통 모양의 눈은 빛을 잘 모으고, 머리 위에 있는 먹이의 위치를 빠르게 파악할 수 있지요.

괴상하고 신기한 인터뷰

Q. 머리는 왜 투명한 거야?

A. 과학자들은 투명한 머리가 심해에서 생존하기 위해 진화한 결과라고 말해. 심해는 빛이 거의 없는 곳이라 주변을 보기가 어렵거든. 그런데 우린 투명한 머리로 머릿속 눈이 빛을 더 잘 찾아낼 수 있어. 그래서 빛을 내는 먹잇감을 쉽게 포착할 수 있지. 또 투명한 머리는 눈에 잘 띄지 않아 몸을 보호할 수도 있어. 이처럼 투명한 머리는 심해에서 살아가는 데 정말 큰 도움이 돼!

Q. 눈이 왜 원통 모양으로 생겼어?

A. 보통 물고기들은 옆쪽을 보지만, 우린 위쪽을 바라보고 있어. 다시 말하면, 우리는 머리 안쪽에 눈이 있고, 눈은 위쪽을 향하고 있다는 거야. 그래서 우리는 머리 위로 지나가는 먹이들을 쉽게 발견할 수 있지.

게다가 눈을 회전시켜 앞쪽도 볼 수 있어서 먹이를 보면서 먹을 수 있어. 이뿐만 아니라 빛에 대한 정보를 뇌에 전달하는 망막이 아래쪽에 있어서 위에서 내려오는 희미한 빛을 더 잘 모을 수 있지. 그래서 우린 심해처럼 어두운 곳에서도 빛을 모아 먹이를 쉽게 찾을 수 있는 거야. 빛이 조금만 변해도 바로 알아챌 수 있어 먹이를 사냥하는 데 더 유리하지.

Q. 어두운 심해에서 주로 언제 활동해?

A. 우리는 심해에서 먹이가 있을 때만 주로 움직여. 심해는 엄청 깊어서 햇빛이 거의 닿지 않기 때문에 낮이든 밤이든 항상 캄캄해. 그래서 해파리나 작은 플랑크톤처럼 빛을 내는 먹이들이 나타날 때가 우리한테는 활동하는 시간이지. 그 먹이들이 반짝반짝 빛을 내면, 우리 눈은 그 빛을 찾아서 움직이기 시작해. 그러다가 먹이를 발견하면 재빠르게 사냥하지.

Q. 원래 잘 움직이는 편이 아닌 거야?

A. 우리는 다른 물고기들처럼 빠르게 헤엄치기보다 천천히 떠다니는 걸 더 좋아해. 심해는 먹이가 많지 않아서, 에너지를 아껴야 하거든. 우린 이런 환경에 맞게 에너지를 최소화할 수 있는 가슴지느러미를 가지고 있어. 우리의 가슴지느러미는 크고 넓어서 물속에서 움직이지 않고도 쉽게 균형을 잡을 수 있지. 마치 가만히 떠 있는 것처럼 말이야.

Q. 왜 이름이 '배럴아이'인 거야?

A. 우리 이름인 '배럴아이(Barreleye)'에서 '배럴(Barrel)'을 따로 해석하면 커다란 원통이라는 뜻이야. 우리 눈이 길쭉하고 둥근 원통 모양이라서 과학자들이 붙인 이름이야. 우리의 둥글고 길쭉한 두 개의 눈은 머리 안쪽에 숨겨져 있는데, 위를 향한 모습이 망원경처럼 보이기도 해.

11 세발치 Tripodfish

위험 ★☆☆☆
희귀 ★★☆☆

물속에서 서 있는 물고기!
다리가 세 개나 있다고?

먹이	작은 어류, 갑각류, 플랑크톤	**수명**	약 7~15년
크기	약 30~43㎝	**분포 지역**	대서양, 인도양, 태평양

구석구석 관찰하기

눈 작고 빛을 잘 감지하지 못해요. 심해에서는 빛이 거의 없어 다른 감각 기관에 더 의존해요.

몸통 바닥에 몸을 고정한 상태에서 물 흐름의 영향을 덜 받기 위해 몸통이 가늘고 길쭉해요.

꼬리지느러미 배지느러미와 마찬가지로 세 번째 다리처럼 사용돼요.

배지느러미 두 개의 배지느러미는 매우 길어서 다리처럼 몸을 지탱해 서 있을 수 있어요.

✓ 더 알아보기!

서식지 수심 약 878~4,720m 깊이의 심해 바닥에서 살아요.

특징 배와 꼬리지느러미로 몸을 바닥에 고정하여 서서 생활해요. 직접 움직여 사냥하기보단 먹이가 오길 기다려서 잡아먹어요.

괴상하고 신기한 인터뷰

Q. 이름이 세발치인데, 정말 다리가 세 개야?

A. 사실 다리가 세 개인 건 아니야. 우리 몸에서 다리처럼 보이는 부분이 특징인데, 이건 실제 다리가 아니라 두 개의 배지느러미와 하나의 꼬리지느러미야. 이 지느러미들이 길게 늘어져 있어서 마치 삼각대를 세운 것처럼 보이지. 우리는 이 지느러미를 이용해서 심해 바닥에 서 있을 수 있어. 주로 이 지느러미를 바닥에 고정한 채 생활하지.

Q. 왜 가만히 서 있기만 해?

A. 우리가 가만히 서 있는 이유는 에너지를 절약하면서도 먹이를 더 쉽게 잡기 위해서야. 심해에는 바다 근처에 다양한 해양 생물들이 떠다니지. 그래서 우리는 배지느러미와 꼬리지느러미를 이용해 바다에 몸을 고정하고, 먹이가 가까워지면 입을 크게 벌려서 한입에 먹어 치워. 이러면 물속을 헤엄치지 않아도 되니 에너지를 절약할 수 있지.

심해는 빛이 거의 없고 먹이가 제한적이기 때문에 에너지를 절약하는 게 중요하구나.

맞아, 그래서 세발치의 사냥법은 매우 효율적인 생존 전략이야~.

Q. 이동할 때도 지느러미로 걸어 다녀?

A. 아니. 사람들은 긴 지느러미가 다리처럼 생겨서 걸어 다닌다고 생각할 수 있지만, 사실 우리는 다른 물고기처럼 헤엄쳐서 이동해. 긴 지느러미는 단지 물속에서 우리를 고정하고 있을 뿐, 걷는 데 사용되지 않아.

Q. 눈이 엄청 작은데 보이기는 해?

A. 심해는 빛이 거의 없는 곳이라 우리가 가진 눈은 잘 기능하지 못해. 그저 주변을 감지하는 정도로만 작동하지. 하지만 걱정하지 마! 우리는 가슴지느러미에 아주 예민한 감각 기관이 있어서 이 감각 기관으로 물속에서 발생하는 진동을 감지하지. 그래서 먹이가 물속을 헤엄치며 일어나는 작은 물결을 감지해서 먹이를 사냥해.

심해에 사는 동물들은 햇빛이 잘 닿지 않는 환경에서 살아 눈의 기능이 떨어지는구나.

Q. 어두운 심해에서는 어떻게 번식해?

A. 심해에서 짝을 만나는 건 쉽지 않아. 하지만 우리는 특별한 방법이 있어. 우리는 암수 생식기를 모두 가진 자웅 동체야. 짝을 만난다면 서로 역할을 나누어 번식하지만, 짝을 만나지 못하더라도 스스로 수성해서 번식할 수 있지. 이건 우리처럼 고립된 환경에서 살기 위한 아주 중요한 능력이야.

12 유리메기 Glass Catfish

위험 ★☆☆☆☆
희귀 ★☆☆☆☆

유리처럼 투명한 물고기!
뼈가 다 보인다고?

먹이	작은 어류, 무척추동물 등	**수명**	약 5~8년
크기	약 7~10㎝	**분포 지역**	동남아시아 주로 태국과 캄보디아

구석구석 관찰하기

몸통 몸이 길고 가늘며, 유선형이라 물속에서 빠르고 민첩하게 움직일 수 있어요.

수염 물의 진동을 감지하여 주변 환경과 먹이를 탐색하는 데 중요한 역할을 해요.

피부 몸속 뼈와 내장이 보일 정도로 투명해서, 마치 유리처럼 보여요.

✓ 더 알아보기!

서식지 강과 호수에서 살며, 물이 천천히 흐르는 곳을 좋아해요.

특징 몸이 유리처럼 투명해 천적의 눈을 쉽게 피할 수 있어요. 수염과 옆줄을 이용해 모기 유충이나 물벼룩과 같은 작은 벌레를 잡아먹어요.

괴상하고 신기한 인터뷰

Q. 몸이 왜 유리처럼 투명해?

A. 그건 우리 피부에 색소가 거의 없기 때문이야. 색소가 없으면 빛이 우리 몸을 쓱 통과할 수 있거든! 또 피부와 근육이 빛을 반사하지 못해서 몸속이 훤히 들여다보이는 거야. 또한 우리 몸속 장기들은 머리 쪽에 몰려 있고, 나머지 몸통 부분은 완전히 투명해서 뼈가 다 보이지!

또 우린 피부가 워낙 얇아서 빛이 비춰지는 방향에 따라 몸이 무지갯빛으로 반짝여 보이기도 해. 얇은 피부를 통과하는 빛이 프리즘처럼 여러 색깔로 나뉘어 보이는 거야. 정말 신비롭지?

유리메기처럼 몸이 투명한 바다 생물로 카리나리아 크리스타타(Carinaria cristata)도 있어!

맞아, 원통형 몸에 젤리같이 탱글탱글하게 생겼지.

Q. 몸이 투명하면 불편하지 않아?

A. 몸이 투명하면 참 좋아! 유리처럼 투명한 몸은 천적들에게 잘 들키지 않거든. 빛이 거의 없는 곳에서는 몸이 완전히 투명하게 보여. 그래서 주변 환경에 자연스럽게 섞일 수 있지. 빛이 강한 곳에서는 조금 색이 보이기도 하지만, 여전히 다른 물고기에 비해 상대적으로 눈에 띄지 않는 편이야. 우리가 살아가는 곳은 빛이 거의 없거나 흐린 물속이기 때문에, 천적들을 쉽게 피할 수 있어.

Q. 긴 수염은 어떤 역할을 해?

A. 수염으로 먹이를 찾아서 잡아먹어! 우리가 사는 물속은 자주 흐리고 빛이 부족한데, 이런 환경에서는 시각에 의존하기 어려워. 하지만 우리가 가진 수염은 물의 진동을 감지할 수 있지. 그래서 수염으로 미세한 물결을 포착해 주변 상황을 빠르게 파악하고, 먹이를 찾거나 천적을 피할 수 있어. 만약 위험을 감지하면 동료들에게 알리고 바로 도망칠 준비를 하지.

Q. 넌 어떤 성격이야?

A. 우린 온순하고 공격적이지 않아. 또 다른 물고기들과도 잘 어울려서 함께 기르기 좋지. 다만, 우리는 무리를 지어 다니는 습성을 가지고 있어. 만약 1~2마리만 기르면 외로워하고 스트레스를 받을 수 있거든. 우리를 키우려면 최소 6마리 이상 함께 기르는 게 좋아. 이렇게 함께 지내면 더 행복하게 생활할 수 있어.

> 수염뿐만 아니라 옆으로 이어진 옆줄을 통해서도 물의 흐름을 감지할 수 있다고!

13 북태평양청어 Northern Pacific Herring

방귀로 대화하는 물고기! 멀리서도 방귀 소리가 들린다고?

먹이 플랑크톤, 작은 갑각류, 어류	**수명** 약 8~20년
크기 약 24~34cm	**분포 지역** 북태평양

입 아래턱이 돌출되어서 주로 작은 갑각류나 플랑크톤을 먹는 데 적합해요.

비늘 몸이 은빛 비늘로 덮여 있어요. 이 비늘은 햇빛을 반사해 물속에서 눈에 띄지 않도록 도와줘요.

아가미 작은 갈고리 같은 구조가 있어요. 플랑크톤처럼 작은 먹이를 걸러서 먹는 데 사용해요.

꼬리지느러미 깊게 갈라진 꼬리지느러미는 앞으로 나아갈 수 있게 해 줘요.

✓ 더 알아보기!

서식지 주로 차가운 해역에서 살며, 특히 연안과 대륙붕 근처의 얕은 바다에서 많이 살아요. 계절에 따라 이동하면서 산란하고 먹이를 찾아다녀요.

특징 무리 지어 다니며 반복적인 방귀 소리로 의사소통을 해요. 입으로 빨아들인 물을 아가미로 내보내며 플랑크톤을 걸러서 먹어요.

괴상하고 신기한 인터뷰

Q. 방귀로 어떻게 대화해?

A. 우리는 항문에서 공기 방울을 내보내면서 독특한 소리를 내. 이 소리는 빠르고 반복적으로 딱딱거리는 소리야. 방귀로 초당 약 7~30회 소리를 낼 수 있어. 소리의 지속 시간은 보통 0.6초에서 7.6초 정도로 다양하게 나타나지. 소리가 빠르게 반복되는 특성 때문에 다른 물고기들과도 혼동되지 않고 우리끼리만 명확하게 알아들을 수 있어.

Q. 방귀를 어떻게 반복적으로 뀔 수 있어?

A. 우린 방귀를 뀌기 위해 수면 위로 올라가 공기를 삼키는 행동을 해. 이렇게 삼킨 공기가 항문으로 이동하면 방귀가 되어 나오지. 재미있게도, 이런 행동은 특히 밤에 자주 나타나. 왜냐하면 어두운 환경에서는 서로를 알아보기가 어렵기 때문에 방귀 소리가 아주 중요한 의사소통 수단이 되거든.

물고기 항문은 어디에 있는 걸까?

물고기의 항문은 아랫배 쪽 뒷지느러미 앞에 있어.

Q. 넌 어떻게 먼 거리에서도 방귀 소리가 들리는 거야?

A. 우리는 뛰어난 청각 덕분에 멀리서도 방귀 소리를 들을 수 있어! 대부분의 물고기는 50~3,000㎐ 정도의 주파수를 들을 수 있지만, 우리는 최대 180,000㎐까지도 들을 수 있어. 그래서 아주 작은 방귀 소리도 잘 들리지.

'헤르츠(Hz)'는 진동수의 국제단위로, 여기선 소리의 주파수 단위를 나타내.

즉, 1초 동안 소리의 진동 횟수를 말하지.

보통 사람은 16Hz부터 20,000Hz까지의 소리만 들을 수 있대.

Q. 방귀로 어떤 이야기를 해?

A. 주로 위험을 경고할 때 방귀로 이야기해. 예를 들어, 포식자가 가까이 다가오면 방귀 소리를 내서 동료들에게 알려 주지. '위험하니까 빨리 도망쳐!'라고 말하는 셈이야. 이렇게 하면 우리 무리가 빠르게 반응해서 안전하게 이동할 수 있어.

Q. 방귀는 너에게 가장 중요한 생존 능력인 거야?

A. 그림, 당연히지. 우리에게 방귀는 단순한 생리 현상이 아니라 생존을 위한 필수 능력이야! 포식자가 많은 바다에서는 위험을 빠르게 감지하고 동료들에게 알리는 게 생사를 가르는 중요한 요소지. 이런 방식으로 대화하는 건 우리 청어들만의 특별한 능력이야. 다른 물고기들은 보통 방귀로 의사소통을 하지 않거든. 우리처럼 방귀 소리를 통해 정보를 전달할 수 있는 동물은 매우 드물다고!

PART 3
하늘에서 활동하는 동물

01 큰군함조 Great Frigatebird

위험 ★★★★★
희귀 ★★★★★

하늘에서 두 달을 나는 새! 잠은 언제 자?

암컷
수컷

| **먹이** | 어류, 연체동물 | **수명** | 약 25~30년 |
| **크기** | 약 85~105㎝ | **분포 지역** | 태평양, 인도양, 남대서양 |

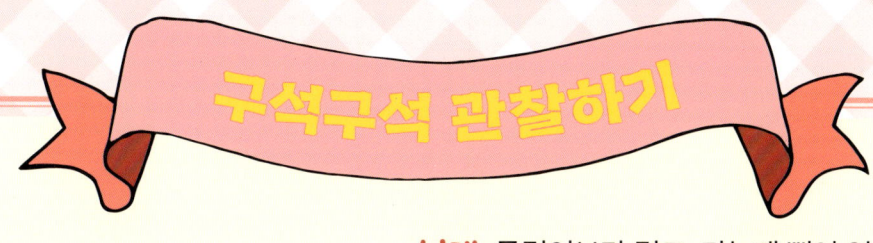

구석구석 관찰하기

부리 길고 끝이 갈고리 모양으로 휘어져 있어요. 이 부리로 다른 새가 잡은 먹이를 빼앗거나 해수면에 뜬 먹이를 잡아먹어요.

날개 몸길이보다 길고, 가늘게 뻗어 있어 하늘에서 오래 날아다니기에 적합해요.

목 주머니 수컷은 목에 커다란 붉은색 주머니가 있어요. 번식기에 주머니를 부풀려서 암컷을 유혹해요.

꼬리 깃털 V자로 길게 갈라진 모양을 하고, 공중에서 방향을 조절하는 데 사용해요.

발톱 날카로운 발톱은 나무나 암벽에 매달려 쉴 때 사용해요.

 **더 알아보기!**

서식지 열대와 아열대 해양 지역에서 살아요. 대부분의 시간을 바다 위에서 날아다니면서 보내요.

특징 바다 위를 날면서 해수면 가까이로 올라온 물고기나 오징어 등을 잡아먹어요. 직접 잡기보다는 빼앗아 먹는 경우가 많지요.

괴상하고 신기한 인터뷰

Q. 왜 바다 위를 계속 날아다녀?

A. 우리는 해수면 가까이 떠오른 물고기를 잡거나, 다른 새들이 잡은 먹이를 빼앗기 위해 넓은 바다 위를 날아다녀. 보통 다른 바닷새들은 깃털이 방수가 잘 되어 물 위에 착륙해도 금방 다시 날아오를 수 있어. 하지만 우리는 방수 기능이 없어서 깃털이 젖어 버리면 너무 무거워져 날개를 퍼덕이기도 힘들어지지. 바다 위를 날아오르지 못하면 결국 위험에 빠지게 되고, 심지어 생명을 잃을 수도 있어. 그래서 우리는 웬만하면 바다에 착륙하지 않으려고 해. 바닷새인데도 물에 잘 닿지 않으려고 하는 이유가 바로 이거야.

Q. 하늘에서 얼마나 오래 날 수 있어?

A. 땅에 발을 딛지 않고 최대 두 달 정도 날 수 있어! 우리는 날개를 퍼덕이는 데 힘을 많이 쓰지 않아. 대신 공기의 흐름인 기류를 완벽히 활용할 수 있지. 특히 열대 지역에서 자주 발생하는 무역풍이나 상승 기류를 이용해서 날개를 펼친 채로 미끄러지듯 비행해. 그래서 우린 날개를 퍼덕일 필요가 거의 없어 에너지를 아낄 수 있고, 체력도 오래 유지할 수 있지. 심지어 구름 속에서 급작스러운 기류의 변화를 이용해 긴 거리를 비행할 수도 있어. 이건 우리가 하늘을 집처럼 느끼며 편안하게 머물 수 있는 비결이야.

Q. 오래 날 수 있는 몸의 특징이 있어?

A. 흠……. 특징이라면 몸무게가 가볍다는 점을 들 수 있지. 왜냐하면 우리 몸무게는 겨우 약 1~1.8kg밖에 안 되거든. 정말 가볍지? 그런데 날개 길이는 약 205~230㎝나 되지. 몸무게에 비해 날개가 커서 우린 공중에서 더 쉽게 떠 있을 수 있어. 큰 날개는 펄럭이지 않아도 상승 기류나 바람의 힘을 이용해 날 수 있지.

Q. 얼마나 멀리 날 수 있는데?

A. 실험에 따르면, 공중에 떠서 최대 두 달 동안 쉬지 않고 56,000㎞나 날 수 있대. 참고로 지구 한 바퀴가 약 40,000㎞거든. 그러니까 우리는 지구를 한 바퀴 돌고도 남을 거리를 날 수 있는 거지. 하늘에서 이렇게 오래 머무르면서도 체력을 유지할 수 있는 건 우리에게 정말 중요한 생존 비결이야.

Q. 그렇게 오래 날면 잠은 대체 언제 자?

A. 과학자들은 우리가 하늘을 날면서 뇌의 절반만 사용하고, 나머지 절반은 쉬게 하는 방식으로 잠을 잔다고 추측하고 있어. 예를 들어, 상승 기류를 타고 날고 있을 때, 몇 분 동안 잠깐잠깐 뇌 일부분을 쉬게 하면서 비행을 이어 가는 거지. 이런 식으로 하늘에서 쉬어 가며 날 수 있어서 땅에 내려오지 않아도 괜찮은 거야.

02 금조 Superb Lyrebird

위험 ★☆☆☆ **희귀** ★★☆☆

어떤 소리든 흉내 내는 새!
전기톱 소리까지 낼 수 있다고?

← 수컷

암컷 →

먹이 벌레, 열매	**수명** 약 15~20년
크기 약 78~100㎝	**분포 지역** 호주 남동부

구석구석 관찰하기

꼬리 깃털 수컷은 16개의 꼬리 깃털을 활짝 펼쳐 번식기 암컷을 유혹해요. 그 모양이 현악기인 리라를 닮았어요.

날개 짧고 둥글게 생겼어요. 주로 짧은 비행을 해요.

명관 발성 기관인 명관에서 울음소리를 내거나 다양한 소리를 흉내 낼 수 있어요.

발 강한 발톱은 흙이나 낙엽을 헤집어 숨어 있는 먹이를 찾을 때 사용해요.

✔ 더 알아보기!

서식지 울창한 숲에서 살며 땅에 숨어 있는 먹이를 찾아다녀요.
특징 큰거문고새라고도 불리며, 주변에서 들리는 다양한 소리들을 기억해 흉내 내기를 잘해요.

괴상하고 신기한 인터뷰

Q. 어떤 소리를 흉내 낼 수 있어?

A. 우리는 자연 속에서 들리는 새들의 울음소리뿐만 아니라 인간이 만든 소리도 놀랍도록 잘 따라 하지. 예를 들어, 자동차 경적, 카메라 셔터 소리 같은 도시의 소음부터 개 짖는 소리, 아기 울음소리, 그리고 심지어 음악 소리까지도 정확히 흉내 낼 수 있어. 특히 수컷은 짝짓기 철에 암컷에게 자신의 매력을 뽐내기 위해 적극적으로 소리를 흉내 내지. 우린 흉내 낼 수 있는 소리가 다양하고 복잡할수록 암컷들에게 매력적으로 보이거든. 최근에 사람들이 녹음한 우리 울음소리를 분석해 보면, 몇몇은 숲에 있는 나무 자르는 기계 소리마저 아주 정교하게 따라 했다고 해.

Q. 어떻게 다양한 소리를 흉내 낼 수 있는 거야?

A. 새는 Y자를 뒤집어 놓은 모양처럼 생긴 명관이라는 발성 기관이 있어. 사람으로 치면 성대의 역할을 하는 거야. 우린 다른 새보다 발달된 명관에서 매우 다양한 소리를 낼 수 있어. 또 우리는 들은 소리를 잘 기억하는데, 성체 수컷 금조는 최소 20개 이상의 서로 다른 소리를 기억해서 흉내 낼 수 있지. 마치 녹음기처럼 말이야!

수컷이 암컷에게 선택받으려면 다양한 소리를 흉내 낼 수 있어야 하는구나~.

맞아, 하지만 괜찮아! 금조는 발성 능력뿐만 아니라 기억력까지 좋거든~.

Q. 흉내 내는 소리가 주변 환경과 관련이 있는 거야?

A. 맞아. 과학자들의 최근 연구에 따르면, 우리는 도시화된 환경 변화에 잘 적응하여 숲속에 살면서도 기계음과 같은 인간이 만든 소리를 정확하게 따라 할 수 있대. 이처럼 우리는 새로운 환경에서 접하는 주변 소리를 잘 받아들이고 흉내 내지.

Q. 꼬리 깃털은 왜 이렇게 화려한 거야?

A. 암컷의 꼬리 깃털은 화려함이 없지만, 수컷의 꼬리 깃털은 매우 화려해. 특히 수컷은 꼬리 깃털을 펼치면 고대 그리스의 현악기인 '리라(Lyre)'를 닮았어. 그래서 우리 영어 이름이 '리라버드'지. 이 꼬리 깃털은 단순히 아름답기만 한 게 아니야. 짝짓기 철이 되면 수컷은 꼬리 깃털을 활짝 펼치고 춤을 추면서 암컷을 유혹하는 데 사용해.

> 리라는 U자나 V자 모양이며 하프와 비슷하게 생겼어. 울림판에 있는 줄을 손가락으로 뜯어서 연주하는 작은 현악기야.

Q. 암컷을 유혹하는 또 다른 비결이 있니?

A. 특별히 하나 더 알려 줄게. 수컷들은 암컷을 유혹하는 춤을 추기 전에 먼저 주변을 정리해. 나뭇가지나 나뭇잎을 치워서 깔끔한 공간을 만들지. 왜냐하면 깨끗하게 정리된 무대가 암컷의 주의를 끌기에 더 유리하기 때문이야.

춤을 출 때는 꼬리를 활짝 펼친 상태로 반짝이는 깃털을 강조하면서, 다양한 소리까지 추가하지. 예를 들어, 다른 새의 울음소리와 함께 자연의 배경음까지 흉내 내는 능력을 발휘해. 왜냐하면 암컷은 수컷의 멋진 춤 동작뿐만 아니라 전체적인 구애 행위가 얼마나 독특하고 조화로운지를 보고 수컷을 선택하거든.

뱀잡이수리 Secretarybird

위험 ★★★☆☆
희귀 ★★☆☆☆

> 발로 차서 사냥하는 새!
> 발로 찰 때 힘이 얼마나 센 거야?

먹이 파충류, 곤충, 작은 포유류 등	**수명** 약 10~15년
크기 약 112~150㎝	**분포 지역** 사하라 사막 이남 아프리카

구석구석 관찰하기

댕기깃 머리 위에는 검은색의 댕기깃이 여러 개 나 있어요.

눈 눈이 크고 시력이 아주 좋아서 멀리 있는 먹이를 잘 발견해요.

발톱 길고 뾰족해서 먹이를 단단히 잡거나 공격할 수 있어요.

다리 아주 길고 힘이 세요. 긴 다리로 풀밭을 빠르게 걸어 다니고, 뱀이나 작은 동물을 찾아 발로 차서 사냥해요.

✓ **더 알아보기!**

서식지 열대 초원인 사바나 지역에서 살아요. 대체로 하늘을 날기보다 땅에서 생활해요.

특징 귀에 깃털 달린 펜을 꽂고 일하던 옛날 비서의 모습을 닮아서 '비서새'라는 별명을 가졌어요. 주로 뱀을 발로 차서 사냥해요.

괴상하고 신기한 인터뷰

Q. 뱀을 어떻게 사냥해?

A. 우리는 긴 다리를 사용해서 뱀을 사냥해. 우리 발길질은 매우 빠르고 정확한데, 한 번 내리칠 때마다 가하는 힘이 약 195N(뉴턴)에 이를 수 있어. 이 힘은 뱀의 두개골을 깨뜨릴 만큼 강력하지! 특히 우리는 목표를 정확히 타격하기 위해 뱀의 머리를 집중적으로 공격해. 물리면 어떡하냐고? 괜찮아! 다리를 감싸고 있는 피부는 매우 두꺼워서 뱀이 물더라도 크게 다치지 않아. 우리는 이 뛰어난 사냥 기술을 새끼들에게도 가르쳐. 새끼는 처음엔 사냥이 어설프지만, 시간이 지나면서 완벽한 뱀 사냥꾼으로 성장하지.

Q. 뱀 말고 다른 생물도 잡아먹어?

A. 우리는 뱀뿐만 아니라 도마뱀, 작은 포유류, 곤충, 심지어 새알까지 다양한 먹이를 먹어. 특히 큰 곤충이나 단단한 껍질을 가진 갑각류도 강력한 발톱으로 손쉽게 부숴 먹지. 우리의 긴 다리는 단순히 뱀을 사냥하기 위한 도구만이 아니라, 숨어 있는 작은 동물들을 찾는 데도 유용해. 예를 들어, 우리는 높게 자란 풀숲을 긴 다리로 조심스럽게 걸어 다니며 먹잇감의 움직임을 감지하고, 먹이를 발견하면 재빠르게 공격하지.

Q. 다른 수리들도 이렇게 사냥해?

A. 아니, 대부분의 수리는 하늘을 날아다니며 사냥해. 우린 다른 수리들과 다르게 주로 땅에서 사냥을 하는데, 하루에 약 20~30㎞를 걸으며 먹이를 찾기도 해. 우리 날개가 크고 길어서 하늘을 나는 데 적합할 것처럼 보이지만, 실제로는 비행보다 몸의 균형을 잡고 달릴 때 더 유용해. 필요할 때는 하늘로 날아 다른 곳으로 이동할 수도 있지만, 우린 대체로 땅 위에서 생활하며 초원을 누비는 게 특징이야.

날려면 큰 날개를 활짝 펼쳐 날갯짓해야 해서, 하늘을 나는 게 힘들고 느리다고 해.

아~, 그래서 하늘을 나는 것보다 땅 위를 걸으며 생활하는구나.

Q. 왜 '비서새'라는 별명을 가지게 된 거야?

A. 우리 머리 위에는 댕기깃이라는 검은 깃털이 삐죽삐죽 서 있어. 마치 오래전 사람들이 귀 뒤에 꽂아 두던 깃털 펜처럼 보이지. 또 다리가 길고 날씬해서 마치 정장 바지를 입은 사람처럼 보이기도 해. 18~19세기 유럽 사람들이 처음 우리를 발견했을 때 이런 모습이 비서를 연상시켰던 거야. 그래서 우리가 '비서새'라는 별명을 가지게 된 거야.

흰방울새 White Bellbird

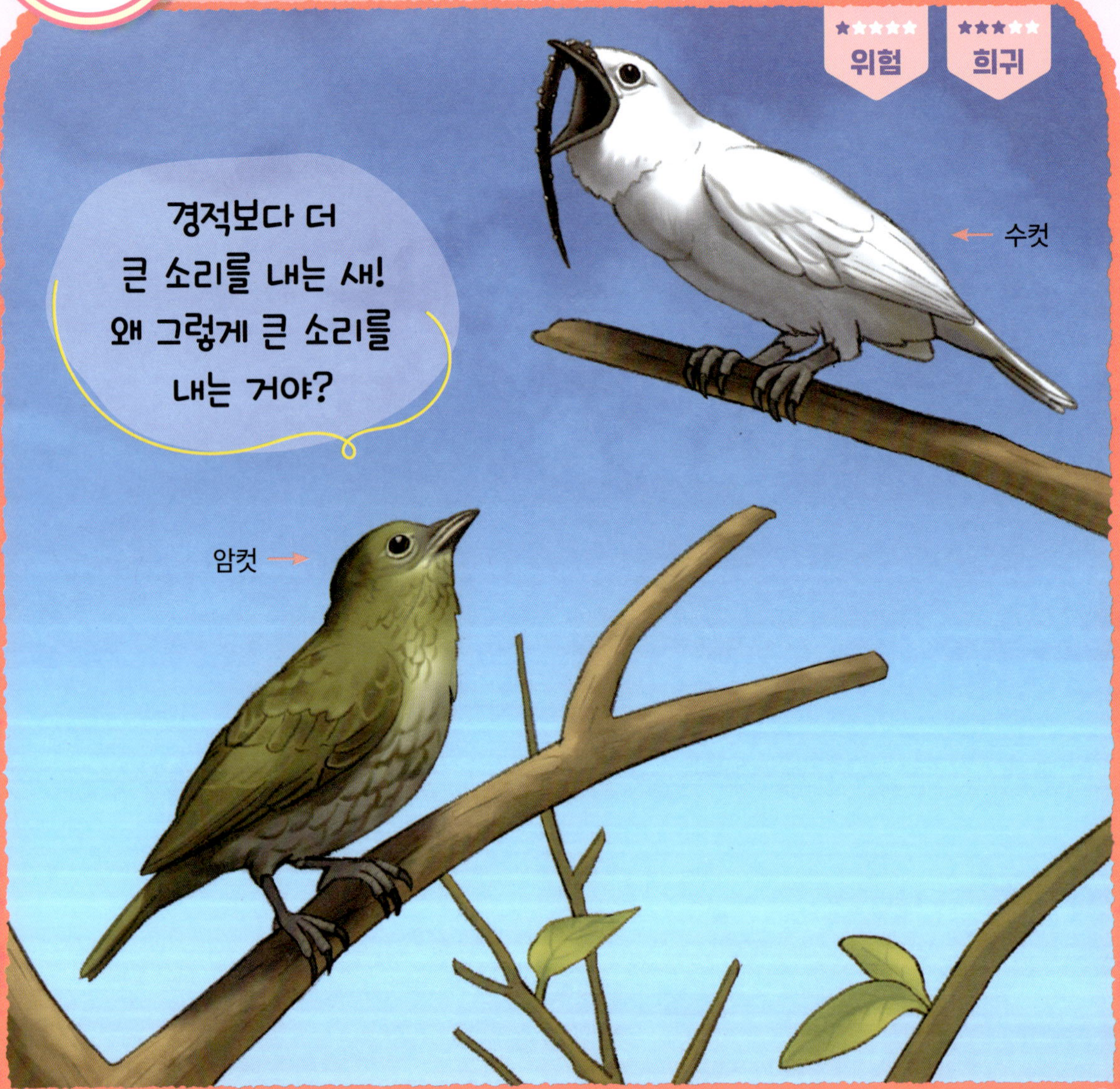

위험 ★☆☆☆☆
희귀 ★★★☆☆

← 수컷

경적보다 더 큰 소리를 내는 새! 왜 그렇게 큰 소리를 내는 거야?

암컷 →

| **먹이** | 열매 | **수명** | 약 8~10년 |
| **크기** | 약 28cm | **분포 지역** | 남아메리카 |

구석구석 관찰하기

깃털 수컷은 밝은 흰색 깃털로 덮여 있고, 암컷은 황록색과 노란색 깃털로 덮여 있어요.

부리 골프공 크기만 한 과일을 한입에 통째로 삼킬 정도로 입을 크게 벌릴 수 있어요.

육수 피부가 변형된 부분으로, 수컷만 가지고 있어요. 부리 위에 길쭉한 수염처럼 생겼는데, 짝을 유혹할 때 사용해요.

복부 근육 다른 새들보다 5배나 두꺼운 복부 근육을 가지고 있어요.

✔ 더 알아보기!

서식지 열대 우림에서 살아요. 특히 브라질, 베네수엘라, 가이아나 등의 고지대 숲에서 많이 살아요.

특징 큰 소리를 내며 부리 위에 달린 육수를 흔들어 암컷을 유혹해요.

괴상하고 신기한 인터뷰

Q. 왜 큰 소리를 내는 거야?

A. 나의 짝을 찾기 위해서지! 그런데 우린 다 큰 소리를 내는 건 아니야. 큰 소리를 내는 건 바로 수컷뿐이지. 수컷은 우렁차게 큰 소리로 울지만, 암컷은 큰 소리를 내지 않고 조용히 있어. 수컷은 짝짓기 철이 되면 암컷에게 "나 이렇게 멋있어!", "나 좀 봐 줘~!"라는 뜻으로 큰 소리를 내는 거야. 더 재밌는 건 암컷이 가까이 있을수록 소리를 더 크게 내는데, 이건 암컷이 정말로 나에게 관심을 가져 달라는 마음에서 하는 행동이야. 수컷의 소리가 너무 커서 때로는 암컷의 귀가 아플 수도 있대. 하지만 수컷의 큰 소리를 암컷은 매력적으로 느끼기 때문에 더 큰 소리를 내려고 하는 거야.

Q. 소리를 얼마나 크게 낼 수 있어?

A. 우리 울음소리는 무려 125㏈(데시벨)에 달해. 이 정도 크기는 록 콘서트의 스피커 소리나 전기톱이 작동할 때 나는 소리와 비슷하지. 다른 소리와 비교하자면 자동차 경적은 약 110㏈이고, 전투기가 이륙할 때 나는 소리는 약 130㏈ 정도야. 우리가 내는 소리는 이 둘의 중간쯤이라고 볼 수 있어. 이런 소리를 가까운 거리에서 듣는다고 생각해 봐? 아마 너흰 귀가 아파서 위험할 수도 있어. 왜냐하면 120㏈ 이상의 소리는 사람의 청각을 망가트릴 가능성이 있다고 하거든. 그래서 우리를 관찰하거나 소리를 들을 때는 적당한 거리를 유지하는 게 좋아.

Q. 항상 큰 소리를 내는 거야?

A. 그렇진 않아. 우리 수컷들은 짝을 찾기 위해 큰 소리를 내는 거잖아. 그래서 우린 짝짓기 철에 큰 소리를 내지. 평소에는 암컷처럼 조용히 지내. 큰 소리를 내는 건 생각보다 많은 에너지가 필요하거든. 항상 큰 소리를 내면 우리도 지치고 힘들다고.

Q. 큰 소리를 잘 내는 비법이라도 있어?

A. 흠, 큰 소리를 잘 내는 비법이라면 복부 근육과 부리를 들 수 있어. 우린 소리를 낼 때 목뿐 아니라 복부 근육까지 사용하거든. 두꺼운 복부 근육이 강력한 공기 압력을 만들어 소리를 더 크게 증폭시킬 수 있는 거야. 또 우린 골프공이 들어갈 정도로 부리를 크게 벌릴 수 있지. 그래서 우린 부리를 크게 벌려서 공기를 들이마신 뒤, 강력하게 내뿜으며 큰 소리를 만들어 내. 공기 압력을 극대화하는 과정에서 에너지가 많이 사용되어 짧은 시간만 소리를 낼 수 있지만, 소리를 널리 울려 퍼지게 할 수 있어.

Q. 부리 위에 육수는 어떤 역할을 하는 거야?

A. 육수는 짝짓기 철에 중요한 역할을 해. 이 독특한 피부 돌기는 수컷만 가지고 있어서 암컷과 쉽게 구별할 수 있어. 암컷은 황록색과 노란색 깃털을 갖고 있는 반면에, 수컷은 하얀색 깃털에 검은 부리와 육수가 있지. 이때 부리에서 길게 늘어진 육수는 수컷의 모습을 더 특별하게 만들어서, 암컷이 수컷을 잘 알아볼 수 있게 도와줘! 또 암컷의 관심을 끌 때도 사용하지. 수컷은 암컷이 다가오면 육수를 좌우로 흔들며 몸을 위아래로 움직이다가, 갑자기 몸을 돌려 암컷을 향해 큰 소리를 내며 관심을 끌어.

05

검은왜가리 Black Heron

★★★★ 위험
★★★★ 희귀

> 날개로 우산을 만드는 새!
> 우산을 만들어 사냥한다고?

먹이 어류, 양서류, 곤충	**수명** 약 15년
크기 약 42~66㎝	**분포 지역** 사하라 사막 이남 아프리카

구석구석 관찰하기

부리 날카롭고 뾰족한 부리는 물고기를 정확하게 잡을 수 있어요.

깃털 검은색 깃털은 물 위에 어두운 그늘을 만들 때 효과적이에요.

날개 날개를 우산처럼 둥글게 펼쳐 그늘을 만들어요. 날개로 만든 그늘은 물고기를 유인하는 데 도움이 돼요.

발 선명한 노란색 발을 가지고 있어요. 이 발은 물고기들의 관심을 끄는 데 효과적이에요.

다리 긴 다리는 얕은 물속을 걷기에 적합해요.

✓ 더 알아보기!

서식지 얕은 물가, 연못, 강변에서 살아요. 물속을 걸어 다니며 사냥하기 좋은 곳을 찾아다녀요.

특징 날개를 둥글게 우산처럼 펼쳐 그늘을 만들어 물고기를 사냥해요.

괴상하고 신기한 인터뷰

Q. 날개를 펼쳐서 사냥하는 이유가 있어?

A. 그건, 물 위에 그늘을 만들기 위해서야! 왜냐하면 작은 물고기들은 본능적으로 그늘이 안전하다고 느껴서 그쪽으로 다가오거든. 그렇게 물고기들이 날개 그늘로 가까이 오면 우린 빠르게 부리를 물속에 찔러 넣어 먹이를 잡아채지. 이 방식은 우리만의 특별한 사냥 기술이야. 마치 우산을 펼치는 것처럼 날개를 둥글게 펼치니까 사람들이 신기해하지.

Q. 왜 발이 노란색인 거야?

A. 발이 노란색인 데는 특별한 이유가 있어. 바로 사냥할 때 물고기의 관심을 끌기 위해서야. 우리가 얕은 물가에서 천천히 걸으면, 밝은 노란색 발이 물속에서 반짝거리거든. 그러면 물고기들이 호기심을 가지고 가까이 다가와. 이때 우산처럼 날개 펼치기 기술을 함께 사용하면 더 효과적으로 사냥할 수 있지. 날개로 그늘을 만들어 물고기를 유인하고, 노란색 발로 물고기를 모으는 거야. 정말 똑똑한 방법이지?

먹잇감의 습성에 맞게 사냥하는 게 정말 놀라운걸!

여기서 '습성'은 동일한 동물종 안에서 생긴 공통된 생활 양식이나 행동 양식을 말해.

Q. 사냥 기술이 독특한 새가 또 있어?

A. 물론이지! 우리처럼 독특한 사냥 기술을 가진 새들이 있어. 예를 들어, 해오라기(Black-Crowned Night Heron)는 먹이를 유인하기 위해 도구를 사용하는 걸로 유명해. 물속으로 나뭇가지나 깃털 같은 걸 떨어뜨리고, 물고기가 먹이로 착각해서 다가오면 재빨리 부리로 잡아채는 거지. 또 제비갈매기(Common Tern)는 물 위로 다이빙해서 먹이를 잡아. 물속 깊이 빠르게 잠수하면서 물고기를 정확히 사냥하는 기술이 정말 놀라워. 우리처럼 그늘을 만드는 건 아니지만, 각자 환경에 맞게 똑똑한 방법으로 사냥하지.

Q. 왜 저녁 무렵에 사냥을 더 활발히 해?

A. 낮 동안에도 사냥하지만, 가장 선호하는 시간은 해가 지기 직전인 저녁 무렵이야! 왜냐하면 이땐 해가 지면서 물 위에 그림자가 더 선명하게 생기거든. 그 덕분에 물고기들이 다른 때보다 내 날개 그늘 안으로 더 쉽게 다가오지. 저녁 무렵은 우리에게 최고의 사냥 시간이야.

Q. 무리 지어서 다니는 걸 좋아해?

A. 아니, 우린 대부분 혼자 다니는 걸 좋아해. 하지만 먹이가 많은 곳에서는 다른 친구들과 함께 모여서 사냥하기도 해. 보통 2~50마리, 때로는 250마리까지 큰 무리를 이루지. 재미있는 건 무리를 지어도 각자 독립적으로 사냥한다는 거야. 하지만 우린 번식기기 되면 무리를 지어 집단으로 번식해. 나무 위에 50~100여 마리가 무리를 이뤄서 각자의 번식 둥지를 지어 번식을 하지. 때때로 다른 백로 종류가 함께 섞여 같이 번식하기도 해.

06 뿔바다쇠오리 Crested Auklet

위험 ★☆☆☆☆ **희귀** ★☆☆☆☆

몸에서 향기가 나는 새! 상큼한 오렌지 향이 난다고?

먹이 플랑크톤, 작은 어류, 갑각류	**수명** 약 7~25년
크기 약 18~27㎝	**분포 지역** 북태평양 주로 알래스카와 러시아

구석구석 관찰하기

댕기깃 위로 길게 뻗어 있어요. 번식기에는 머리 위 댕기깃이 더 길어지며 구애할 때 사용해요.

흰색 깃털 눈 뒤에서 귀 쪽으로 길게 뻗은 깃털이에요. 번식기에는 이 깃털이 더 두드러지며, 구애할 때 장식으로 사용해요.

깃털 목덜미 부위 깃털에서 오렌지 향이 나는 물질을 분비하는데, 짝을 유혹할 때 중요한 역할을 해요.

날개 몸에 비해 날개가 짧으면서도 단단해요. 이 날개로 물속에서 빠르게 헤엄치거나 방향을 바꿀 수 있어요.

발 물갈퀴가 있어 수영할 때 유용하게 쓰여요.

✓ 더 알아보기!

서식지 주로 섬의 해안 절벽에서 살아요. 바다 근처에 둥지를 틀고, 대체로 바다 위에서 시간을 보내요.

특징 머리에는 뿔처럼 위로 뻗은 깃털이 있고, 몸에서는 오렌지 향이 나요.

괴상하고 신기한 인터뷰

Q. 몸에서 오렌지 향기가 왜 나는 거야?

A. 우리 몸에서 오렌지 향이 나는 건 다른 새들에게 보기 드문 특징이라 과학자들도 무척 흥미롭게 연구하고 있어. 이 향은 우리가 건강하고 매력적이라는 걸 짝에게 알려 주지. 암컷은 짝을 고를 때 이 향기를 맡고 강하고 건강한 수컷을 선택해. 또 이 향기는 단순히 짝짓기를 위한 것만이 아니라 우리 생존에도 도움을 준다고 해. 연구에 따르면, 이 향은 깃털에서 분비되는 특정 화학 물질 때문에 나는데, 이 향에 포함된 화학 성분이 우리 깃털을 감싸 기생충이나 세균 같은 외부 위험으로부터 보호하는 데도 도움이 된다고 해.

Q. 너희처럼 향기가 나는 새가 또 있어?

A. 물론이지! 우리처럼 향기가 나는 새들은 정말 드물지만, 몇몇 새들이 있어. 대표적으로 호주사향오리(Australian Musk Duck)가 있어. 이름에서도 알 수 있듯이 수컷은 번식기가 되면 특유의 강한 사향을 풍기지. 또 다른 새는 깃털에서 사향이 나는 흰허리바다제비(Leach's Storm-Petrel)가 있어. 이 새도 우리처럼 짝을 선택할 때 몸의 향기를 맡는다고 해.

Q. 머리에 뿔처럼 난 깃털은 어디에 쓰는 거야?

A. 우리 머리 위에 있는 깃털은 마치 뿔처럼 보이지? 번식기가 되면 이 댕기깃은 더 길고 화려해져. 댕기깃은 짝을 고를 때 중요한 역할을 해. 수컷과 암컷 모두 가지고 있는데, 댕기깃이 길면 길수록 인기가 많아. 이 깃털은 번식기 동안 구애할 때 중요하게 사용되고 번식기가 끝나면 짧아지지.

Q. 주로 친구랑 같이 있는 것 같은데, 무리 지어 생활해?

A. 우리는 무리를 이루는 걸 좋아해. 특히 번식기가 되면 수천 마리가 해안가나 무인도에 모여 둥지를 틀고 알을 낳지. 서로 깃털을 다듬어 주고 소리를 내며 짝을 유혹하지. 번식기가 끝난 뒤에도 우리는 무리를 유지해. 바다 위에서 함께 떠다니며 먹이를 찾고, 서로를 지켜 주는 거지. 무리 생활은 포식자에게서 더 안전하게 생활할 수 있어.

Q. 먹이는 어떻게 사냥해?

A. 우리는 주로 바다 위를 날다가 먹잇감을 발견하면 재빠르게 물속으로 뛰어들어 낚아채지. 우리 몸은 바닷속에서 사냥하기 딱 맞게 진화했거든. 몸에 비해 짧으면서도 단단한 날개는 물속에서 빠르게 헤엄치고 민첩하게 방향을 바꿀 수 있어. 게다가 우리 발에 있는 물갈퀴도 중요한 역할을 해. 물갈퀴는 물속에서 추진력을 얻는 데 도움을 주지. 아마 우리가 수영하는 모습이 마치 물속에서 날아다니는 것처럼 보일 거야.

07 어깨걸이극락조 Superb Bird-of-Paradise

위험 ★★★★★
희귀 ★★★★★

← 수컷

암컷 →

독특한 춤을 추는 새!
춤추는 모습이 마치
웃는 얼굴 그림 같다고?

먹이	열매, 곤충	**수명**	약 5~8년
크기	약 26cm	**분포 지역**	뉴기니 섬

구석구석 관찰하기

머리 깃털 머리에는 반짝이는 파란색 깃털들이 있어요. 구애할 땐 이 깃털들을 앞쪽으로 밀어내어 부리 깃털과 함께 눈 같은 모양을 만들어요.

부리 깃털 부리 위에 작은 검은 깃털들이 있어요. 구애할 때 부리 깃털을 펼치면, 머리 깃털이 반으로 나눠져요.

어깨 깃털 날개를 덮을 정도로 길며, 마치 검은색 망토를 두른 것처럼 보여요. 구애할 땐 어깨 깃털을 타원형으로 펼쳐요.

가슴 깃털 가슴에도 반짝이는 파란색 깃털이 있어요. 구애할 땐 가슴 깃털을 위로 펼쳐요.

더 알아보기!

서식지 열대 우림 속 높은 나무에서 살아요. 나뭇가지 사이를 오가며 생활해요.
특징 깃털을 펼쳐 웃는 얼굴 그림을 만들어요. 암컷에게 선택받기 위해 독특한 구애 춤을 춰요.

괴상하고 신기한 인터뷰

Q. 독특한 춤은 어떻게 추는 거야?

A. 이 독특한 춤은 수컷들이 번식기에 암컷의 마음을 얻기 위해 추는 구애 춤이야! 수컷은 큰 소리로 암컷을 부르고 암컷이 다가오면 바로 춤을 시작해. 먼저 수컷은 어깨 깃털을 타원형으로 넓게 펼치는데, 이때 몸 전체가 검은색 타원으로 변해. 또 파란색 가슴 깃털은 펼치면서 웃는 입처럼 보이게 돼. 이와 동시에 머리에 파란색 깃털이 드러나는데, 이 깃털을 검은색 부리 깃털이 정확히 반으로 나눠. 그 모습은 마치 2개의 파란 눈처럼 보이지. 왜냐하면 부리 양옆의 특수 깃털이 바깥쪽으로 펼쳐져서 머리의 파란 깃털과 함께 눈 같은 모양을 만들기 때문이야. 구애하는 모습을 정면에서 보면 웃는 얼굴 그림처럼 보이게 되는 거지! 이 춤은 너무 독특해서 수컷이 더는 새처럼 보이지 않아. 그냥 검은 원반에 파란색 웃는 얼굴이 그려진 이상한 생물로 변신한 것처럼 보이거든.

Q. 왜 이런 독특한 춤을 추는 거야?

A. 춤은 수컷이 암컷에게 자신이 건강하고 매력적이라는 걸 드러내는 가장 좋은 방법이야. 춤을 통해 우리의 깃털 상태와 건강한 체력을 보여 줄 수 있거든. 깃털이 반짝이고 동작이 매끄러울수록 암컷은 그만큼 더 매력을 느껴. 그래서 춤은 단순히 보여 주기 위한 게 아니야. 암컷이 우리가 얼마나 좋은 짝인지 판단하는 중요한 기준이 되지. 춤이 얼마나 정교하고 아름다운지에 따라 짝짓기 성공 여부가 달라지거든.

Q. 춤 말고도 암컷의 관심을 끄는 방법이 있어?

A. 당연하지! 우리는 춤뿐만 아니라 독특한 소리도 사용해. 꼬리 깃털을 빠르게 움직여 채찍 치는 것처럼 탁탁 소리를 내서 암컷의 주의를 끌어. 춤과 소리는 함께 어우러져 암컷에게 더 매력적으로 보이게 하거든. 또 춤이 돋보이려면 주변이 깔끔해야 해. 그래서 춤추기 전에 바닥을 깨끗이 정리하지. 마지막으로 햇빛이 잘 드는 곳을 무대로 만들어 깃털의 반짝임을 보여 주려고 해. 반짝이는 깃털은 춤이 더 멋있어 보이게 하거든. 정교한 춤, 주의를 끄는 소리, 깔끔한 환경 그리고 깃털의 반짝임까지! 모든 것이 조화를 이루어야 완벽한 구애가 될 수 있어.

Q. 왜 이렇게까지 열심히 구애하는 거야?

A. 수컷들이 이렇게 열심히 구애하는 데는 다 이유가 있어! 우리 종은 암컷의 수가 비정상적으로 적기 때문에 수컷들 사이에서 짝짓기 경쟁이 엄청나게 치열하거든. 우린 이런 심한 경쟁으로 인해 새 중에서 가장 정교하고 화려한 구애 춤을 발전시킬 수 있었지. 또 암컷은 보통 15~20마리의 수컷 춤을 본 후에야 짝짓기에 동의해. 그만큼 상대를 까다롭게 선택한다는 뜻이야. 그래서 수컷은 암컷의 관심을 끌기 위해 매일 몇 시간씩 이 춤을 추며 암컷의 선택을 기다리고 있는 거야.

Q. 너희처럼 독특한 춤을 추는 새들이 또 있어?

A. 당연하지. 특별한 춤을 추는 새들은 꽤 많아! 예를 들어, 레이산알바트로스(Laysan Albatross)는 구애를 위해 서로 머리를 흔들거나 부리로 딱딱 소리를 내며 복잡한 동작을 하지. 또 라기아나극락조(Raggiana Bird-of-Paradise)가 있어. 이 새들은 수십 마리가 나무 위에 모여서 춤을 추며 경쟁해. 춤을 추는 새들은 각자 다른 방식으로 자신을 돋보이려고 하지.

08 코뿔새 Rhinoceros Hornbill

위험 ★★☆☆☆
희귀 ★★★☆☆

부리 위에 커다란 뿔이 달린 새!
숲을 가꾸는 정원사라고?

먹이 열매, 곤충, 작은 포유류 등

크기 약 91~127㎝

수명 약 35년

분포 지역 동남아시아
주로 말레이시아, 인도네시아, 태국

구석구석 관찰하기

뿔 부리 위에 커다랗게 돌출된 구조로, 속은 비어 있어요. 뿔은 소리를 증폭시키고, 자신의 존재를 알리는 데 사용해요.

부리 길고 단단해서 나무 열매를 쉽게 따먹을 수 있어요.

다리 튼튼한 다리는 나무에 쉽게 매달리고 이동할 수 있어요.

발톱 날카로워 나뭇가지를 잘 잡고, 나무 위에서 잘 버틸 수 있어요.

꼬리 깃털 흰색 바탕에 중간에 검은 띠가 있는 독특한 무늬가 있어요.

✔ 더 알아보기!

서식지 울창한 열대 우림에서 살며, 구멍이 있는 큰 나무에 둥지를 틀어 생활해요.

특징 부리 위에 뿔이 달린 독특한 생김새를 가졌으며, 무화과를 가장 좋아해요. 열매를 먹고 씨앗을 여기저기에 배설하여 숲을 가꿔요.

괴상하고 신기한 인터뷰

Q. 뿔은 어떤 역할을 해?

A. 부리 위에 있는 뿔은 단순한 장식이 아니야. 이 뿔은 우리가 내는 소리를 더 크고 멀리까지 전달하는 데 도움을 줘. 울창한 열대 우림 속에서 우리가 서로 소통할 때 아주 유용하지. 그리고 이 뿔은 짝짓기할 때도 중요해. 크고 화려한 뿔일수록 암컷에게 더 매력적으로 보이거든.

Q. 어떤 모습이 너희를 특별하게 만들어?

A. 후후, 그건 우리의 생김새와 날갯짓이 정말 우아해서야. 우리의 몸길이는 약 100㎝ 정도이고, 날개를 펼치면 날개 길이가 150㎝나 되거든. 그래서 우리가 하늘을 날면 마치 숲을 통치하는 왕처럼 보이지. 게다가 독특하고 큰 울음소리도 한몫해. 우리의 울음소리는 의사소통할 때, 영역을 지킬 때, 구애할 때 사용하지. 이 울음소리는 멀리서도 들릴 만큼 크고 강렬해. 이런 모습들을 보고 사람들은 깊은 인상을 받아 우리를 특별하게 보는 것 같아.

코뿔새는 어떻게 울어?

코뿔새는 큰 소리로 '꽉~잉 꽉~잉' 하며 울어.

Q. 둥지 입구는 왜 막는 거야?

A. 새끼를 안전하게 키우기 위해서야. 암컷은 알을 낳으면 둥지 안에 들어가서 입구를 진흙, 배설물, 먹이 찌꺼기로 막아 버려. 이렇게 하면 포식자들이 둥지 안으로 들어올 수 없거든. 수컷은 둥지 밖에서 열심히 먹이를 구해서 입구에 있는 작은 구멍으로 전달해 줘. 그러면 암컷과 새끼들은 둥지 안에서 안전하게 먹고 자라며 보호받을 수 있지. 새끼들이 어느 정도 자라고 나서야 둥지를 열고 밖으로 나와.

Q. 왜 숲을 가꾸는 정원사라 불리는 거야?

A. 우리는 열대 우림에서 자라는 다양한 열매를 먹어. 특히 우리가 좋아하는 무화과 같은 열매는 소화 과정에서 씨앗이 손상되지 않아. 이렇게 소화되지 않은 열매의 씨앗은 우리가 숲을 날아다니며 이곳저곳에 배설할 때 숲에 널리 퍼지게 되지. 결국 나무 열매는 우리 덕분에 새로운 곳에서 자라날 수 있는 거야. 그래서 우리를 숲을 가꾸는 정원사라고 불러.

Q. 사람들이 너희를 위협한다던데, 정말이야?

A. 맞아, 가장 큰 문제는 우리가 사는 열대 우림이 점점 사라지고 있는 거야. 사람들이 나무를 베어 농장을 만들면서 우리가 먹이를 구하고 둥지를 틀 곳이 없어지고 있거든. 숲이 작은 조각들처럼 나뉘면서 우리같이 넓은 숲이 필요한 새들은 점점 살기가 어려워지고 있어.

또 일부 지역에시는 사람늘이 우리를 사냥하기도 해. 우리 뿔과 꼬리 깃털을 전통 의상에 쓰거나 우리를 잡아 먹기도 하거든. 이런 이유들 때문에 우리 코뿔새의 수가 점점 줄어들고 있어.

09 작센왕극락조 King of Saxony Bird-of-Paradise

위험 ★☆☆☆☆
희귀 ★★★☆☆

몸보다 긴 깃털이 달린 새! 이름은 왜 이렇게 특이해?

← 수컷
← 암컷

먹이 열매, 곤충	**수명** 약 5~8년
크기 약 22cm	**분포 지역** 뉴기니 섬

구석구석 관찰하기

부리 짧고 강력해서 나무 열매나 곤충을 쉽게 잡아먹을 수 있어요.

머리 깃털 수컷은 머리 위에서부터 길게 뻗어 나오는 두 개의 긴 장식깃을 가지고 있어요. 이 깃털을 사용해서 짝을 유혹해요.

가슴 깃털 목 아래 깃털은 빛의 각도에 따라 녹색, 파란색, 보라색 등으로 반짝여요. 가슴을 부풀릴 때 잘 드러나 암컷의 눈길을 끌지요.

꼬리 깃털 길고 얇은 깃털로, 비행 중 균형을 잘 잡을 수 있어요.

✓ **더 알아보기!**

서식지 고산 열대 우림에서 살며, 주로 나무 꼭대기에서 지내요.
특징 깃대 같은 두 개의 긴 머리 깃털로 암컷을 유혹해요.

괴상하고 신기한 인터뷰

Q. 머리에 긴 장식깃은 왜 달려 있어?

A. 우리 머리 위에 달린 길고 반짝이는 장식깃은 암컷의 마음을 사로잡기 위해 있어! 이 깃털은 약 50㎝ 정도로 길어서, 몸길이의 두 배가 넘기도 해. 햇빛 아래에선 깃털이 반짝여 더욱 멋있지. 우리는 구애할 때 이 깃털을 자유자재로 움직이며 춤을 추는데, 이건 암컷에게 얼마나 건강하고 매력적인지 보여 주는 방법이야. 깃털이 반짝이고 깔끔할수록 암컷에게 더 인기가 많아.

Q. '작센왕극락조'라는 이름은 어떻게 붙여진 거야?

A. 우리 이름은 19세기 말, 독일의 조류학자인 아돌프 베른하르트 마이어가 처음 우리를 소개하면서 붙여졌어. 그는 당시 독일의 '작센 왕국'의 왕인 알베르트를 기리기 위해 학명을 '프테리도포라 알베르티(Pteridophora alberti)'로 하고, 이름을 '작센왕극락조(King of Saxony Bird-of-Paradise)'라고 지었지. 특히 우리 머리에 있는 장식깃은 왕관 장식처럼 보여서 이름이 더욱 잘 어울렸다고 해. 우리 깃털은 정말 독특해서 그 시절에도 우리의 모습을 보고 사람들이 무척 감탄했어! 지금도 사람들이 우리를 기억하는 건 특이한 이름을 가진 덕분이야.

'학명'은 학술적 편의를 위해 동식물에게 붙이는 이름을 말해.

스웨덴의 식물학자인 린네가 학명을 만들었지.

Q. 머리에 긴 깃털로 어떻게 춤을 추는데?

A. 우리의 춤은 마치 공연 같아. 우리는 숲속 나무 위 높은 가지에서 춤을 춰. 머리의 긴 장식깃을 흔들어서 반짝이는 깃털로 암컷의 시선을 끌지. 춤을 출 때는 일정한 리듬에 맞춰 몸과 깃털을 흔들면서 깃털이 빛나는 모습을 보여 줘. 암컷들은 춤을 보면서 수컷의 깃털 상태, 춤 실력, 그리고 전반적인 매력을 평가하지. 그래서 우리는 춤을 출 때 아주 신경을 많이 써야 해. 암컷에게 멋지게 보이지 않으면 선택받기 어렵거든!

Q. 너희도 춤추면서 소리를 내?

A. 맞아, 우리도 암컷에게 구애할 때 춤추며 소리를 내지. 하지만 우리가 내는 소리는 다른 새들이 내는 소리와 확연히 달라. 우리는 기계 작동 소리처럼 윙윙거리는 낮은 소리를 내거든. 마치 오래된 라디오에서 나오는 소리처럼 말이야. 춤을 추면서 이 소리를 내면, 암컷들은 깃털뿐만 아니라 소리로도 우리의 매력을 평가하지.

Q. 왜 나무 꼭대기에서 지내?

A. 높은 곳은 포식자로부터 안전하고 우리가 좋아하는 열매도 쉽게 찾을 수 있기 때문이지. 특히 나무 위 높은 곳은 나무 사이를 뛰어넘거나 깃털을 자랑하며 춤추기에 적합한 장소야. 왜냐하면 나무 꼭대기에는 햇빛이 잘 들어와서 우리의 깃털이 더 빛나 보이거든. 그래서 춤을 출 때 암컷의 시선을 사로잡기에 좋은 곳이야.

10

두건피토휘 Hooded Pitohui

★★☆☆☆ 위험
★★☆☆☆ 희귀

무시무시한 독이 있는 새!
만지면 마비될 수도 있다고?

먹이 열매, 곤충, 작은 무척추동물

수명 밝혀지지 않음

크기 약 23㎝

분포 지역 뉴기니 섬, 야펜 섬

구석구석 관찰하기

머리 깃털 자신이나 새끼가 천적에게 위협받으면 머리 깃털을 세워 위협적인 모습으로 경고를 보내요.

깃털 '바트라코톡신'이라는 독이 있어요. 이 독은 천적을 물리치거나 기생충을 없애는 데 사용해요.

부리 짧고 튼튼해서 곤충을 쉽게 잡아먹을 수 있어요. 또 열매를 잘게 부수는 데도 아주 효과적이에요.

몸통 선명한 주황색 깃털로, 자신이 독성을 가진 위험한 새라는 경고색을 나타내요.

✓ 더 알아보기!

서식지 따뜻한 섬의 산속에서 살아요. 주로 나무가 많은 언덕이나 낮은 산에서 생활해요.

특징 독성을 가진 딱정벌레를 먹어 몸에 독을 지니게 되었어요.

괴상하고 신기한 인터뷰

Q. 왜 독을 가지고 있어?

A. 과학자들의 주장에 따르면, 우리는 천적으로부터 자신을 지킬 뿐만 아니라 둥지와 알을 기생충으로부터 보호하기 위해 독을 품고 있다고 해. 하지만 이 독은 우리 스스로 만들어 내지 않아. 우리의 주식 중 하나인 '코레신(Choresine)속' 딱정벌레를 먹으면, 그 안에 들어 있는 '바트라코톡신(batrachotoxin)'이라는 강력한 독성 물질이 우리 몸에 축적되지. 이 독은 신경계를 마비시키고, 심지어 심장 마비를 일으킬 정도로 위험하다고 해. 그래서 천적들은 우리를 한 번만 물어도 독의 무서움을 경험하고 다시는 건드리지 않지.

　우리는 깃털, 피부, 심지어 세포 조직까지 독성을 띠고 있어. 이 독성은 우리가 위험이 도사리는 열대 우림에서 생존하는 데 큰 역할을 해. 과학자들은 우리가 딱정벌레의 독을 몸에 안전하게 저장하는 방법과 독이 어떻게 작용하는지에 대해 아직도 연구 중이야.

Q. 너희 독은 사람에게도 위험한 거야?

A. 맞아, 우리가 가진 독은 사람에게도 위험해. 만약 너희가 우리 깃털을 만지면 손이 따끔거릴 수 있고, 심한 경우엔 마비 증상이 나타날 수도 있어. 하지만 우린 먼저 사람을 공격하진 않아. 그래서 우리가 살고 있는 뉴기니섬의 원주민들은 우리를 '쓰레기새'라고 부르면서 함부로 손대지 않지.

Q. 독이 있다는 걸 다른 동물들이 어떻게 알아?

A. 우리 외모에 나와 있거든! 몸통의 선명한 주황색과 머리의 검은색 조합은 멀리서도 눈에 잘 띄어. 이런 강렬한 색은 자연에서 보통 '경고색'으로 알려져 있어. 천적들에게는 "나는 독을 가지고 있으니 건들지 마!"라는 경고를 보내는 역할을 하지.

천적들은 본능적으로 이런 색 조합을 경계하는데, 만약 어떤 동물이 경고를 무시하고 우리를 건드린다면 큰 대가를 치르게 되지. 독의 강력한 효과를 경험한 동물은 우리와 비슷한 색을 가진 존재도 피하려고 해. 그래서 우리는 공격받을 확률이 훨씬 줄어들어.

Q. 땅에 떨어진 깃털도 위험한 거야?

A. 내 깃털에는 독이 스며 있어 깃털갈이 후 떨어진 깃털에도 독이 남아 있을 가능성이 있어. 미국의 생물학자 존이 우리 깃털을 가지고 쥐를 대상으로 독소 실험을 했는데, 쥐가 경련을 일으키며 죽었다고 해. 우리 깃털에 독이 있다는 것은 알아냈지만, 아직 자연에 떨어진 깃털이 독성을 얼마나 오래 유지하는지는 확실치 않지. 그러니 숲속에서 내 깃털을 발견하더라도 호기심에 집어 들지 않는 편이 좋아. 혹시 독성이 남아 있을 수 있으니까!

Q. 성격이 사나운 편이야?

A. 아니, 우리는 온순한 성격이야. 독은 천적들로부터 우리를 지키는 방어용이지 싸우기 위해 쓰는 게 아니거든. 우리는 우리끼리 조용히 의사소통하면서 다투지 않고 평화롭게 지내지. 독을 가졌다고 해서 사나운 건 아니니 오해하지 말라고!

벌매 Crested Honey Buzzard

위험 ★★★★★ **희귀** ★★★★★

벌집을 부수는 새!
말벌에 쏘여도 끄떡없다고?

먹이 곤충, 작은 척추 동물	**수명** 약 12년
크기 약 48~61㎝	**분포 지역** 시베리아, 동아시아, 동남아시아, 남아시아

구석구석 관찰하기

코 후각이 뛰어나 벌집이 어디 있는지 쉽게 찾아낼 수 있어요.

부리 길고 가늘며, 끝이 작은 갈고리 모양을 하고 있어요. 또 혀에는 홈이 있어서 벌집에서 유충을 쉽게 꺼내 먹을 수 있어요.

깃털 얼굴과 목에 있는 깃털은 두껍고 단단해서 벌침으로부터 보호해 줘요.

발톱 유독 두 번째 발가락의 발톱이 길어요. 이 발톱으로 땅속에 있는 말벌집을 파내거나 나무에 있는 벌집을 뜯어요.

✓ **더 알아보기!**

서식지 숲과 산악 지대에서 살아요. 주로 숲속에서 벌집을 찾아다녀요.
특징 말벌이나 땅벌의 집을 발견하면 벌집을 부숴 유충을 꺼내 먹어요.

괴상하고 신기한 인터뷰

Q. 말벌집을 왜 부수는 거야?

A. 말벌집을 부수는 이유는 그 안에 있는 유충이 우리에게 훌륭한 먹이가 되기 때문이야. 말벌 유충은 단백질과 영양이 풍부해서 우리와 새끼들이 건강하게 자라는 데 꼭 필요한 음식이지. 벌집을 발견하면 날카로운 발톱으로 집을 뜯어내고, 긴 목과 강력한 부리를 이용해 유충을 꺼내 먹어.

Q. 너흰 말벌 침이 안 무서워?

A. 우리는 말벌 공격에도 잘 견딜 수 있는 세 가지 장치가 있어. 첫째, 눈 주변과 같이 민감한 부위에는 비늘 같은 단단한 깃털이 있어서 말벌이 공격하기 어려워. 둘째, 우리 깃털은 일반 새들보다 두껍고 단단해서 말벌의 침이 깊이 박히지 않아. 셋째, 우리는 말벌 독에 높은 내성이 있어서 쏘여도 심각하게 다치지 않아. 말벌과 싸운다는 건 쉬운 일이 아니야. 하지만 우린 자연에서 살아남을 수 있는 모든 방어 준비를 갖추고 있지!

벌매의 깃털은 갑옷과 같은 역할을 하는구나!

Q. **너흰 어떻게 말벌집을 잘 찾는 거야?**

A. 말벌집을 찾아내는 데 아주 특별한 능력이 있어. 우리의 시각과 후각은 매우 발달해서 숲속에 작은 말벌의 움직임이나 벌집의 흔적까지도 쉽게 감지할 수 있어. 특히 우리는 말벌 둥지 주변의 특정한 냄새를 알아채는 능력이 뛰어나. 말벌집 근처에 도착하면, 벌집의 위치를 정확히 파악하기 위해 날아다니며 주변을 탐색하지. 벌집이 땅속에 있든 나무 높은 곳 가지 사이에 숨겨져 있든, 우리의 예리한 시각과 후각이면 금세 찾아낼 수 있어!

Q. **말벌만 먹고 살아?**

A. 우리는 말벌과 말벌 유충이 주식이지만, 그 외에도 다양한 먹이를 먹어. 곤충이나 작은 새, 도마뱀, 개구리 같은 다양한 동물들을 사냥해서 먹지. 우리는 이렇게 여러 가지 먹이를 먹을 수 있어서 다양한 환경에서도 잘 살아갈 수 있어.

Q. **너희가 말벌집을 공격해도 자연 생태계는 괜찮아?**

A. 응, 괜찮아. 먹이 사슬이 있어야 자연 생태계가 유지될 수 있으니까. 그래서 우리가 말벌집을 공격하는 건 자연 생태계에도 큰 도움이 돼. 말벌의 개체 수가 지나치게 많아지면 다른 곤충들에게 피해를 줄 수 있거든. 우리가 벌집을 부수고 유충을 먹으면서 말벌의 수를 조절하게 되어 숲의 균형을 유지할 수 있는 거지.

12 아프리카물꿩 African Jacana

위험 ★★★★★
희귀 ★★★★★

다리가 여러 개인 새! 물에 뜬 잎을 밟고 다닐 수 있어?

먹이 무척추동물, 식물	**수명** 약 5~10년
크기 약 23~31㎝	**분포 지역** 사하라 사막 이남 아프리카

구석구석 관찰하기

날개 비행 능력이 약해서 주로 짧은 거리만 날아요. 대신 새끼를 보호할 때 유용하게 쓰여요.

깃털 목과 가슴 앞쪽 깃털은 밝은 황갈색이고, 등과 날개의 깃털은 짙은 갈색이라 색 대비가 선명해요.

다리 길고 유연해서 물 위에서도 쉽게 균형을 잡을 수 있어요.

발 길고 가느다란 발가락과 날카로운 발톱이 있어요. 발가락이 길고 넓게 퍼져 물 위 수초나 잎을 걷는 데 유리해요.

✓ 더 알아보기!

서식지 열대 습지와 강, 호수 같은 물가에서 살아요. 물 위 물풀 사이에서 둥지를 틀지요.

특징 물 위에 있는 수생 식물을 밟고 다니며, 물속에 있는 곤충이나 갑각류를 잡아먹어요. 수컷 혼자 알을 품고 새끼를 키워요.

괴상하고 신기한 인터뷰

Q. 다리가 대체 몇 개야?

A. 하하! 다른 새들처럼 우리도 다리는 두 개야! 나머지 다리들은 새끼들의 다리지. 왜 다리가 저기 있냐고? 그건 내가 새끼들을 날개로 안고 걸어 다녀서 그래. 우리는 수컷이 혼자서 새끼들을 돌보거든. 그런데 갑자기 새끼들 근처에 악어와 같은 포식자가 나타나면 빨리 도망쳐야 하잖아. 이때 수컷은 새끼들에게 위험하다고 소리를 내고 얼른 새끼들을 품에 넣어 안전한 곳으로 재빨리 이동해. 새끼들이 수컷의 날개 속에 안겨 있어 몸은 날개에 가려지고, 다리만 삐죽 나온 거야. 그래서 멀리서 보면 마치 다리가 여러 개인 괴물처럼 보이는 거지.

한 가지 더 재미있는 건 우리는 깃털이 한꺼번에 모두 빠지고 새롭게 자라는 '완전깃털갈이'를 해. 이땐 새 깃털이 자랄 때까지 날지도 못하지. 하하, 정말 재미있지?

Q. 왜 수컷 혼자 새끼를 돌보는 거야?

A. 우린 새끼를 돌보는 방식이 아주 독특해. 일반적으로 동물 세계에선 어미가 새끼를 돌보는 경우가 많지만, 우리는 수컷이 그 중요한 역할을 맡지. 암컷은 뭐하냐고? 암컷은 알만 낳고, 알을 품고 새끼를 양육하는 데는 관여하지 않아. 암컷은 곧 새로운 수컷 짝을 만나기 위해 떠나. 이렇게 하면 암컷이 더 많은 새끼를 낳을 수 있어서 종족 번식에 유리하지.

그래서 새끼들과 남겨진 수컷이 혼자 둥지를 지키며 알을 품어. 알이 부화한 뒤에는 새끼들에게 먹이도 찾아 주고, 위험이 닥쳤을 때는 품에 안아 보호하지. 수컷은 새끼들이 성장하여 독립할 때까지 헌신적으로 돌봐.

Q. 둥지를 왜 물 위에 짓는 거야?

A. 우리가 둥지를 물 위에 짓는 건 여러 실용적인 장점이 있기 때문이야. 첫째로, 물 위는 육지의 포식자들이 다가오기 쉽지 않아서 안전해. 둘째로, 필요할 때 둥지를 살짝 밀어서 위치를 쉽게 바꿀 수 있지. 셋째로, 새끼들이 먹을 작은 물고기나 곤충을 쉽게 구할 수 있어서 편리해. 이런 장점들이 있어서 전략적으로 둥지를 물 위에 지은 거야.

Q. 발가락이 긴 이유는 뭐야?

A. 우리 발을 보고 깜짝 놀랐구나? 우리 발은 몸 크기에 비해 발가락이 길고 넓게 퍼져 있어서 마치 예술 작품 같기도 해. 이렇게 발가락이 긴 덕분에 물 위에 있는 수초나 수생 식물을 밟고 걸을 수 있지. 왜냐하면 넓고 길게 퍼진 발가락이 물 위에서 무게를 고르게 분산시키기 때문에 가라앉지 않는 거야. 또 우린 다리가 길고 유연해서 물 위에서도 쉽게 균형을 잡을 수 있어. 이런 발과 다리가 있어 우린 거의 물속에 빠지지 않고 이동할 수 있지.

긴 다리와 발가락이 있어서, 물 위에 떠 있는 잎을 밟고도 빠지지 않고 잘 걸을 수 있는 거구나.

우아, 걸음걸이가 마치 발레하는 것처럼 우아해 보여.

13 벌새 Hummingbird

위험 ★☆☆☆☆
희귀 ★★☆☆☆

기억력이 좋은 새!
날갯짓을 하면 날개가
보이지 않는다고?

← 암컷

수컷 →

| **먹이** 꽃의 꿀, 작은 곤충 | **수명** 약 3~12년 |
| **크기** 약 8~23㎝ | **분포 지역** 아메리카 |

구석구석 관찰하기

깃털 햇빛을 받으면 무지갯빛으로 빛나요. 특히 수컷 벌새는 머리와 목 부분의 깃털이 파란색, 녹색, 보라색 등 다양해요.

부리 우린 다른 새들보다 더 긴 부리를 가지고 있어요. 또 혀는 얇고 길며 두 갈래로 나눠져 꽃 속 꿀을 쉽게 먹을 수 있어요.

날개 날갯짓이 다른 새들과 달리 아주 빠르고 부드러워요. 보통 초당 50회 이상 날갯짓을 해서 공중에 멈춰 있는 것처럼 보이기도 해요.

 **더 알아보기!**

서식지 아메리카의 다양한 지역에서 살며, 주로 꽃이 많은 숲이나 정원에서 많이 보여요.

특징 꽃의 꿀이 생산되는 주기를 기억해 꿀을 찾아 먹어요. 날갯짓이 빨라 날면서 꿀을 먹을 수 있지요.

괴상하고 신기한 인터뷰

Q. 기억력이 얼마나 좋아?

A. 비록 작은 몸집과 작은 뇌이지만, 기억력 하나는 끝내줘! 특히 어떤 꽃에서 언제 꿀을 먹었는지, 그 꽃이 다시 언제 꿀을 생산할지까지 정확히 기억할 수 있어. 이건 우리가 생존하는 데 정말 중요한 능력이야. 괜히 에너지 낭비하며 꽃을 찾아다닐 필요가 없거든. 우리는 매일 많은 꽃을 방문하는데, 모든 꽃이 항상 꿀을 가지고 있는 건 아니야. 어떤 꽃은 꿀을 채우는 데 시간이 걸리지. 그래서 우리는 꽃마다 꿀을 생산하는 주기를 기억해서 효율적으로 먹이를 찾는 거야. 이런 기억력은 복잡한 숲에서도 우리가 길을 잃지 않게 도와주지.

Q. 왜 날갯짓을 많이 해?

A. 우린 초당 약 12~200회나 날갯짓할 수 있어. 왜냐하면 꽃 사이를 날아다니며 공중에서 꿀을 먹으려면 안정적으로 정지 비행을 할 수 있어야 해. 그래서 이렇게 빠르게 날개를 움직이는 거야. 날개를 빠르게 움직여야 꽃에서 꿀을 먹는 동안 우리 몸이 균형을 유지할 수 있거든.

또 우린 날갯짓이 빠른 것만이 아니야. 우리는 공중에서 멈추거나 뒤로도 날 수 있지. 이 특별한 비행 기술은 우리 날개의 독특한 구조와 날갯짓 덕분이야. 우리 날개는 다른 새들과 달리 어깨 관절이 매우 유연해서 8자 모양으로 움직일 수 있거든. 그 덕분에 우리가 원하는 방향으로 자유롭게 이동할 수 있는 거야.

Q. 빠른 날갯짓을 하려면 얼마나 많은 에너지가 필요해?

A. 우리는 매일 엄청난 양의 에너지를 소비하고 있어. 우리의 비행 속도와 날갯짓 속도가 빠른 만큼 에너지 또한 많이 필요로 하지. 그래서 하루 동안 우리는 자기 몸무게와 비슷한 양의 꿀을 먹어야 해. 그렇지 않으면 금방 지치거나 심지어 생명을 잃을 수도 있어.

Q. 다른 새들과 다른 특이한 점이 또 있어?

A. 아까 우린 엄청난 양의 에너지가 필요하다고 했잖아. 그래서 그 에너지들을 전달하는 심장 또한 빠르게 뛰어. 우리가 활동할 때는 심장이 분당 최대 1,200회까지 뛰지. 사람의 심장 박동 수와 비교하면, 무려 10배나 빠른 속도야! 심장이 빠르게 뛰어야 필요한 산소와 에너지를 몸 전체에 전달할 수 있거든.

그런데 이렇게만 살면 몸이 금방 지치겠지? 그래서 우리는 휴식을 하거나 잠을 잘 때 심장 박동 수를 크게 줄여. 그때는 분당 약 50~225회로 떨어져서 에너지를 아끼고 몸을 회복할 수 있지. 우리는 이렇게 조절해서 짧은 휴식으로도 다시 빠르게 날아다닐 수 있는 거야. 특히 밤에는 에너지를 덜 쓰는 상태로 바뀌어. 체온이 낮아지고 심장 박동과 호흡이 느려지지. 이 상태로 밤을 보내면 낮 동안 사용했던 에너지를 회복할 수 있어.

벌새는 세계에서 가장 종류가 다양한 새 중 하나야.

맞아, 벌새는 약 366종이 있고 대부분은 중남미에 살고 있어.

교과서 속 과학 용어

ㄱㄴㄷ

갑각류   단단한 껍데기로 덮인 동물. 예 게, 새우 등
           3-1 동물의 생활

내성   몸이 약 또는 독을 버티거나 환경에 잘 견디는 힘.
      4-2 생물과 환경

내장   몸 안에 있는 중요한 기관. 예 심장, 위, 간 등
      5-1 우리 몸의 구조와 기능

노화   나이가 들면서 몸이 점점 약해지거나 변하는 것.
      5-1 우리 몸의 구조와 기능

멸종   동물이나 식물이 모두 사라져 더 이상 존재하지 않는 상태.
      예 공룡이 지구상에 사라진 것   4-2 생물과 환경

무역풍   적도 근처 방향으로 일정하게 부는 바람.
       4-2 기후변화와 우리 생활

무척추동물   척추뼈가 없는 동물. 예 곤충, 문어 등
             3-1 동물의 생활

번식 새끼를 낳아 자손을 늘리는 것. 예 동물이 알을 낳거나 새끼를 낳는 것 3-1 생물의 한 살이

발성 소리를 내는 것. 사람은 목에 있는 성대로, 새는 명관을 사용해 소리를 냄. 3-1 동물의 생활

배설 먹고 난 음식의 찌꺼기를 몸 밖으로 내보내는 것. 5-1 우리 몸의 구조와 기능

부피 물건이 차지하는 공간의 크기. 3-2 물체와 물질

서식지 생물이 사는 곳. 예 물고기의 서식지는 강이나 바다 3-1 동물의 생활

소화 몸이 먹은 음식물을 잘게 부수고 녹여 흡수하기 좋게 바꾸는 과정. 5-1 우리 몸의 구조와 기능

수온 물의 온도. 바닷물이나 강물의 따뜻하거나 차가운 정도를 말함. 3-1 동물의 생활

습지 물과 땅이 만나는 축축한 지역. 예 늪, 갯벌 등 3-2 지구와 바다

신경계 몸에서 정보를 전달하는 시스템. 뇌와 신경들이 함께 일을 함. 5-1 우리 몸의 구조와 기능

신진대사 몸이 에너지를 만들고 쓰는 과정. 우리가 먹은 음식을 에너지로 바꾸는 것. 5-1 우리 몸의 구조와 기능

심해 깊은 바다. 바다에서 아주 깊은 곳으로 햇빛도 거의 닿지 않음. 3-2 지구와 바다

야행성 밤에 주로 활동하고 낮에는 쉬는 동물의 특징. 예 부엉이
3-1 동물의 생활

에너지 일을 할 수 있는 힘. 예 몸을 움직이거나 기계를 작동하는 힘
5-2 자원과 에너지

영장류 손과 발을 잘 쓰며 대뇌가 발달한 동물들. 예 원숭이, 사람 등
3-1 동물의 생활

유전자 부모님에게 물려받은 몸의 특징을 결정하는 작은 정보 조각. 눈 색깔이나 머리 모양 같은 걸 결정함. 5-1 우리 몸의 구조와 기능

적응 생물이 주변 환경에 맞게 변하는 것. 예 사막에서 사는 동물은 더위에 잘 적응했음 4-2 생물과 환경

적혈구 핏속에 있는 작은 세포로, 산소를 몸 구석구석 운반하는 헤모글로빈이 들어감. 5-1 우리 몸의 구조와 기능

자웅 동체 한 생물 안에 암컷과 수컷의 생식 기관이 함께 있는 것.
예 달팽이 4-1 다양한 생물과 우리 생활

잡식성 고기와 식물 둘 다 먹고 사는 동물의 특징. 예 곰, 사람, 개 등
3-1 동물의 생활

진화 생물이 오랜 시간에 걸쳐 환경에 맞게 변화하는 것. 예 화석을 통해 생물의 진화 과정을 알 수 있음 5-1 지층과 화석

지구 온난화 지구가 점점 더워지는 현상. 주로 사람들이 사용하는 에너지 때문에 생김. 4-2 기후변화와 우리 생활

주파수 1초 동안 진동하는 횟수. 소리의 높낮이를 구분함.
3-2 소리와 성질

추진력 앞으로 나아가게 하는 힘. 예 로켓이 위로 올라가는 힘
6-1 물체의 운동

채식성 풀이나 열매 같은 식물만 먹고 사는 동물의 특징. 예 사슴
3-1 동물의 생활

천적 어떤 생물을 잡아먹는 생물. 예 토끼의 천적은 여우임
4-2 생물과 환경

촉각 만지는 걸 느끼는 감각. 예 손으로 만져서 부드럽거나 딱딱한 걸 아는 능력 3-1 동물의 생활

퇴화 생물이 오랜 시간 동안 필요 없어진 몸의 일부가 점점 작아지거나 없어지는 것. 4-2 생물과 환경

포식자 다른 생물을 잡아먹는 생물. 살아있는 먹잇감을 잡아먹음.
4-2 생물과 환경

포유류 새끼를 낳고 젖을 먹여 키우는 동물. 예 고양이, 돌고래 등
3-1 동물의 생활

후각 냄새를 맡는 감각. 우리가 코로 맛있는 음식 냄새를 맡을 때 사용하는 능력. 3-1 동물의 생활

초판 발행 2025년 10월 20일
초판 인쇄 2025년 10월 1일

글 김건구
그림 장윤아
감수 황보연

펴낸이 정태선
기획·편집 이보경, 김보섭
디자인 최혜경
마케팅 정태영, 신보연, 장승희
펴낸곳 파란정원
출판등록 제395-2010-000070호
주소 서울특별시 은평구 가좌로 175, 5층
전화 02-6925-1628 | 팩스 02-723-1629
제조국 대한민국 | 사용연령 8세 이상 어린이
홈페이지 www.bluegarden.kr | 전자우편 eatingbooks@naver.com
종이 다올페이퍼 | 인쇄 조일문화인쇄사 | 제본 경문제책사

글ⓒ2025 김건구
ISBN 979-11-5868-307-8 73490

이 책은 저작권법에 따라 보호받는 저작물이므로 무단 전재와 무단 복제를 금지하며,
이 책 내용의 전부 또는 일부를 이용하려면 반드시 저작권자와 파란정원(자매사 책먹는아이·새를기다리는숲)의 동의를 얻어야 합니다.
*잘못된 책은 구입하신 서점에서 바꿔 드립니다.